CÓMO SER FELIZ TRABAJANDO DESDE TU HOGAR

Encuentra lo que te Apasiona y Empieza a Trabajar desde la Comodidad de tu Casa Hoy Mismo. 2 Libros en 1 - Quiero Trabajar Desde Casa, ¿Cómo Empiezo?, Cómo Encontrar tu Pasión y Vivir una Vida Plena

NATHANIEL DAVIDS

Índice

Quiero Trabajar Desde Casa, ¿Cómo Empiezo?

Cómo Encontrar tu Pasión y Vivir una Vida Plena

Quiero Trabajar Desde Casa, ¿Cómo Empiezo?

Descubre Cómo es Posible Ganar Dinero o Empezar un Negocio desde la Comodidad de tu Hogar

Índice

Introducción

En la actualidad, los sueños y aspiraciones de las personas son cada vez más amplios y un nuevo estilo de vida es posible. Debido a esto, existen diversos tipos de trabajos y oficios donde las personas de todo el mundo se desenvuelven.

Cuando hablamos de un trabajo, muchos suelen tener una idea preconcebida de una persona pasando horas en una oficina, pero hoy en día no necesariamente tiene que ser así.

El trabajo a distancia está tomando partido en estos últimos años como una opción viable de trabajo. Se trata de cumplir con las mismas responsabilidades laborales que tendrías en una oficina o en un negocio, pero sin tener que salir de casa.

A pesar de que esta nueva modalidad de trabajo tiene muchos beneficios, aún existen personas con una mentalidad tradicional que no son capaces de tomarse en serio la formalidad del trabajo a distancia. Ese es un problema con el que aún se lucha.

Si tú tienes deseos de trabajar en casa o ya has empezado a tener esa experiencia, este libro es para ti. Aquí encontrarás la información suficiente para poder ganar dinero con este estilo de vida y descubrirás los mejores consejos para poder trabajar de manera más productiva y eficaz que en la oficina.

¡Acompáñame a conocer todas estas opciones que el trabajo a distancia ofrece y cuál es la mejor manera de vivirlo!

1

Conceptos Erróneos Sobre El
Trabajo A Distancia

¿ALGUNA VEZ HAS HABLADO del trabajo a distancia con alguien que nunca trabajó de forma remota? ¿Cómo te fue?

Si son como la mayoría de la gente, probablemente no fue tan bien. Puede ser difícil que la gente entienda cómo alguien puede trabajar desde casa, ser productivo, y terminar siendo un ser humano normal al final del día.

Si están preocupados por la calidad de vida de un trabajador a distancia o de la productividad del su trabajo, afirmar que el crecimiento profesional es imposible mientras se trabaja a distancia, o incluso comentar sobre la necesidad de tener a todos los trabajadores en el sitio físico para la "comunicación", se mostrarán algo cínicos al escuchar a los defensores del trabajo a distancia.

Si bien existen preocupaciones legítimas sobre cómo operan las empresas con los trabajadores a distancias, la mayoría de los problemas que las personas plantean son simples conceptos erróneos.

También encontrarás que, además de los malentendidos sobre el control del trabajo a distancia, hay muchos conceptos erróneos sobre las personas que trabajan de forma remota. En algún momento de tu carrera, tendrás que enfrentar esto si deseas poder trabajar a distancia.

Mientras tanto, las suposiciones erróneas del público en general no son tu problema. Aunque cualquier malentendido que está muy extendido en la población probablemente sea compartido por los empleadores. En lugar de romperte la cabeza o hacer una búsqueda en Internet para encontrar solamente un concepto erróneo, todas las respuestas están aquí para que tú puedas consultarlas cuando te encuentres con un escéptico. Hay otra razón por la que estamos discutiendo estos conceptos erróneos ahora. A medida que avanzas con tu plan para construir tu control a distancia del entorno de trabajo y convencer a tu jefe de que te deje usarlo, debes tener en cuenta estas objeciones para que puedas diseñar tu espacio de trabajo y sistemas para hacer tantas de estas objeciones inválidas como sea posible.

Calidad de vida

Cuando se habla de la práctica del trabajo a distancia, una de las estrategias comunes que la gente usa para descarrilar la conversación es hablando de cómo el trabajo a distancia "perjudica" al trabajador. Si bien existen problemas legítimos que pueden hacer que el trabajo a distancia sea un riesgo para la salud y la cordura de una persona, la mayoría de ellos son mucho más fáciles de resolver qué riesgos similares en un entorno de oficina.

Es común que las personas a las que no les gusta la idea del trabajo a distancia intenten pintar las oficinas en casa o espacios de trabajo alternos como espantosas distopías cuando el moderno plan de la oficina ni siquiera podría haber sido imaginado por Dante cuando escribió el Infierno. La oficina moderna es solo la distopía preferida porque es una distopía conocida, no porque no sea una distopía.

.   .   .

Los argumentos contra el trabajo a distancia que discuten la calidad de vida son bastante predecibles y fáciles de contrarrestar. De hecho, estos son tan predecibles que es probable que encuentres la mayoría de ellos dentro de los primeros seis meses de trabajo a distancia. Así me sucedió, al igual que un gran número de mis amigos.

Tales afirmaciones también aparecen en foros de Internet, especialmente cuando los gerentes están tratando de entender por qué tus empleados desean trabajar desde casa.

Los trabajadores a distancia están aislados y solos

Uno de los mitos más comunes sobre los trabajadores a distancia es que están aislados y solos. De todas las críticas hacia el trabajo a distancia, este es el que más he experimentado. Esencialmente, la afirmación es que debido a que los empleados a distancia no interactúan con sus compañeros de trabajo cara a cara, no interactúan con nadie en absoluto. Hay múltiples premisas profundamente falsas en este mito. La primera es el decir que las personas no pueden interactuar eficazmente sin estar cara a cara.

. . .

Si bien los empleados a distancias no están constantemente en la oficina con sus compañeros de trabajo, eso no significa que no estén interactuando. De hecho, las interacciones remotas suelen ser mejores porque son intencionales y requieren un acercamiento más proactivo. En lugar de que un compañero de trabajo al azar te interrumpa para hablar sobre el juego de la semana pasada mientras te enfrentas a una inminente entrega con fecha límite, una interacción con otro empleado a distancia debe ser decidida de antemano y generalmente acordada por ambas partes. En contraste con las conversaciones y los chismes perturbadores de la oficina, las interacciones tienden a ser más consideradas y positivas que en la oficina.

Hay otra premisa falsa dentro de la noción de que los trabajadores están solos. Al afirmar que las personas son solitarias debido a la falta de interacciones en la oficina, la gente tiende a olvidar que el entorno de la oficina no es la totalidad de interacciones interpersonales de un individuo.

Generalmente, las personas tienen familias, amigos y vecinos con quienes interactúan fuera del trabajo. Trabajar a distancia realmente te da tiempo para interactuar con esas personas tanto durante la semana laboral como posiblemente incluso durante la jornada laboral.

En lugar de conducir por la mitad de la ciudad para trabajar en un escritorio y pasar gran parte de tu tiempo "libre" mirando el paso de otras personas y el tráfico, trabajar en una modalidad a distancia te permite interactuar más con las personas que más te importan.

La falsa premisa final dentro de esta noción es que estar solo es sinónimo de soledad. Si bien muchas personas no pueden soportar estar en una habitación tranquila solas, hay una gran cantidad de personas que en realidad prefieren estar solas. Para los que prefieren tranquilidad y soledad, el típico entorno de oficina abierta es tan incómodo como la soledad es para los extrovertidos.

Los trabajadores a distancias tienen exceso de trabajo

Otro error común es pensar que los trabajadores a distancia tienen cantidad excesiva de trabajo. Porque la efectividad del control a distancia de los trabajadores solo puede ser realmente determinada por su producto de trabajo (en lugar de su presencia), uno podría ser perdonado por creer que un trabajador a distancia necesita completar sustancialmente más trabajo para cumplir con las expectativas de la gerencia.

· · ·

Esta crítica tiene algunos elementos razonables. En organizaciones sin procesos formales de evaluación, se puede desarrollar una dinámica donde los empleados a distancia tienen exceso de trabajo en un esfuerzo por demostrar que son eficaces. Sin embargo, en estas organizaciones, la misma dinámica también se aplica a los trabajadores más eficientes en la oficina. Si un empleado trabaja más que otros empleados en el mismo número de horas, la falta de un proceso formal de evaluación asegurará que tu eficiencia sea reconocida y recompensada. En este caso, es la falta de Procesos formales en la oficina que son el problema.

Una de las mejores cosas de las empresas con modalidad a distancia es que deben tener una forma más razonable de evaluar a sus empleados simplemente para operar bien. Si la empresa no está operando adecuadamente, es poco probable que sea mejor para quienes van a la oficina.

Los trabajadores a distancias tienen un equilibrio deficiente entre el trabajo y la vida personal y están conectados 24/7

Otra afirmación común que se hace con respecto a los trabajadores a distancia es que no tienen equilibrio entre el trabajo y la vida, están disponibles 24 horas al día, 7 días a la semana y tienen constantemente su tiempo familiar interrumpido por problemas relacionados con el trabajo y otras preocupaciones laborales.

Como alguien que ha trabajado bastante de forma remota, rara vez he experimentado esto, y sólo cuando se acerca un plazo ajustado. Eso es a corto plazo, directamente relacionado con un pequeño problema temporal y generalmente seguido de períodos prolongados de tiempo en los que el trabajo / la vida se mantienen en un equilibrio saludable.

Como trabajar en un entorno de oficina, trabajar desde casa para la mayoría, en ocasiones, a pesar de la buena organización requerirá que trabajes algunas horas extras en respuesta a una fecha límite o una interrupción, o como un resultado de cambios importantes en el equipo. Del mismo modo, al igual que en una oficina, si tienes que trabajar muchas horas, eso suele ser una señal de que la empresa está haciendo algo malo o que por lo menos debería de pagar esas horas extras.

De hecho, en un entorno a distancia, las horas de trabajo excesivas son un signo aún más seguro de un entorno de trabajo patológico que están en una oficina, ya que los empleados tienen mejores condiciones de trabajo y mayor flexibilidad en los horarios de trabajo. Por ejemplo, en una oficina, podría terminar trabajando un poco más porque al menos parte del día no es un tiempo de trabajo efectivo para ti o debido al ruido y otras interrupciones que pueden surgir.

Sin embargo, si puede elegir cuándo trabaja, puede mitigar cuidadosamente la mayoría de las interrupciones y trabajar de manera óptima en un buen ambiente, es una muy mala señal si aún terminas sobrecargado.

Los trabajadores a distancia pueden trabajar incluso cuando están enfermos

Otro error común es creer que los trabajadores a distancia pueden o deben trabajar mientras están demasiado enfermos para ir a la oficina. Mientras la mayoría de los que trabajamos de forma remota lo hemos hecho (especialmente cuando éramos más jóvenes y nos creíamos indestructibles), esto es sólo ocasionalmente cierto. En su mayor parte, si un empleado está demasiado enfermo para ir a la oficina, probablemente esté demasiado enfermo para trabajar eficazmente desde casa.

.   .   .

Esto no significa que no pueda intentar trabajar cuando está enfermo, sino que no se debe esperar que lo haga.

Los empleados a distancia tienen algunas ventajas cuando se trata de trabajar mientras se está enfermo. En algunos casos, una situación médica puede significar que no puede conducir razonablemente a una oficina, pero todavía es capaz de trabajar en un escritorio. Por ejemplo, después de la cirugía de hernia, pude trabajar sentado en la cama en un par de días, pero no pude conducir durante casi una semana. Poder trabajar a distancia significaba que a pesar de mi ausencia no planeada, no había sido una emergencia para el equipo porque podía seguir el ritmo. Tal como estaba, terminé trabajando desde la cama porque estaba aburrido y me dolía demasiado.

Incluso cuando se trabaja de forma remota, se siguen aplicando las leyes laborales. Esto significa que los empleadores generalmente no te obligarán a trabajar mientras estás demasiado enfermo para hacerlo. Sin embargo, tendrás la opción de hacerlo si sientes que lo necesitas. Esto también puede ayudar a salvar tus días de enfermedad para cuando realmente se necesiten en lugar de desperdiciarlos simplemente porque tienes una leve fiebre.

. . .

Las oficinas en el hogar no son saludables, ergonómicas ni apropiadas para el trabajo

Cuando se habla de trabajo a distancia, otra preocupación que es frecuente mencionada es que las oficinas en el hogar a menudo se consideran pobres espacios de trabajo.

Ya se trate de estar apiñado en un armario lleno de gente para trabajar, mesas y sillas que no son ergonómicas, o incluso que el ambiente en casa es menos saludable que en la oficina, etc. Y tienen motivos de preocupación, hasta cierto punto: lesiones por movimientos repetitivos, lesiones de espalda y cuello por muebles, y la vista cansada por la mala iluminación y los monitores baratos son ciertamente un riesgo. Sin embargo, este riesgo se contrarresta fácilmente.

Cuando alguien trabaja desde casa, todo lo que una empresa debe hacer es asegurarse de que tienes un espacio y mobiliario mínimo y adecuado para realizar tu trabajo. No es mucho más difícil que asegurarse de que las personas tengan ambientes adecuados de trabajo en la oficina. Si una empresa realmente se preocupa por sus trabajadores, también es razonable que proporcionen al menos algunos de los equipos que estarán en uso.

. . .

Además, porque no hay estigma cuando un empleado a distancia se levanta y camina en su propia casa, el riesgo de las lesiones por esfuerzo repetitivo pueden ser menores de lo que podría encontrar en un entorno de oficina donde se espera que todos permanezcan en sus escritorios y parezcan ocupados.

Los trabajadores a distancia se vuelven socialmente incómodos

Un último tema de calidad de vida que surgirá en las discusiones sobre el trabajo a distancia es la noción de que los trabajadores a distancia se convertirán socialmente incómodos con el tiempo por estar aislados.

Como se explicó antes, el trabajo a distancia no implica realmente aislamiento, especialmente no para el grado que causaría que alguien pierda habilidades sociales. Por el contrario, trabajar en una oficina puede prevenir el desarrollo de cierto grado de incomodidad social.

Piensa en cómo suele ser el ambiente de trabajo de oficina hoy en día. Está lleno de gente fingiendo trabajar mientras tratan de ahogar el ruido de todos en la habitación. Conduce a un entorno en el que todo el mundo usa auriculares y utiliza el correo electrónico y el chat para comunicarse, incluso con la persona del escritorio contiguo. Las personas en tales entornos a menudo comienzan a resentirse alrededor de ellos.

Compare la realidad real de la oficina y su ambiente promedio con el del espacio de trabajo doméstico promedio. Si bien ninguna situación probablemente resulte en alguien sentado en la playa con un taparrabos, gritando por un balón de fútbol en una isla desierta, el entorno de oficina promedio parece más probable que produzca frustración e irritación con los compañeros de trabajo. El aislamiento social no depende del lugar donde se trabaja. Es una función de cómo trabajas y de tu personalidad.

Crecimiento profesional

Otro tipo de preocupación por el trabajo a distancia tiene que ver con las opciones de carrera de los trabajadores a distancia.

Como las preocupaciones sobre la salud y el bienestar de los empleados, las preocupaciones sobre la calidad y longevidad de las carreras de los empleados son constantes. Sin embargo, estas preocupaciones a menudo surgen de una comprensión anticuada de la trayectoria profesional normal de desarrolladores y otros profesionales de TI.

Hace décadas, un recién graduado universitario podía esperar conseguir un trabajo y permanecer en él durante muchos años, posiblemente incluso retirándose de la empresa.

En tal escenario, se esperaba que el progreso de la carrera era una preocupación tanto del empleador como del empleado. Sin embargo, ese modelo de empleo ha desaparecido hace años.

Nadie espera ser empleado de la misma empresa durante 40 años más, pero las expectativas en torno al crecimiento profesional no se han puesto al día con la realidad del empleo moderno. En lugar de que el empleador esté profundamente interesado en la carrera y trayectoria de sus empleados, el modelo actual sugiere que los empleados están solos. Cualquier crítica al trabajo a distancia desde la perspectiva del crecimiento profesional debe tomar este nuevo paradigma en cuenta.

. . .

El trabajo a distancia perjudica el crecimiento profesional

A menudo oirás a la gente decir, sin pruebas, que el trabajo a distancia inhibe la capacidad de un empleado para desarrollarse de modo que pueda ser promovido. De todas las críticas al trabajo a distancia en esta sección, este es el único que tiene algún mérito.

No es que no pueda aprender lo que es necesario para la siguiente etapa de tu carrera de forma remota, pero que es difícil llevar a cabo todas las interacciones sociales espontáneas que pueden ser necesarias para impresionar lo suficiente para promocionarte sin estar en la oficina.

Sin embargo, esto está cambiando. Con trabajadores a distancia en la mezcla, los métodos más antiguos de evaluación de empleados ya no funcionan tan bien. A medida que pasa el tiempo, los procesos para determinar quién debe ser promovido también se verá obligado a cambiar. De hecho, esto ya está sucediendo en muchas empresas que están en gran parte o totalmente a distancia.

· · ·

Además, a medida que la población se activa cada vez más, es probable que cambien de trabajo con mayor frecuencia, la impresión que das en cualquier empresa es de valor decreciente en comparación con los resultados comerciales reales que puedes demostrar. También es completamente posible desarrollar tus relaciones interpersonales de trabajo sin estar cara a cara todo el tiempo, aunque es ciertamente más difícil y debe hacerse intencionalmente.

En otras palabras, aunque ciertamente hay motivos para preocuparse sobre tu capacidad para crecer como empleado a distancia, estos problemas pueden mitigarse. Además, ser capaz de manejar relaciones interpersonales y relaciones laborales adecuadas es necesario para mantener la calidad de tus relaciones laborales de todos modos.

No se puede capacitar a las personas a distancia

También oirás que es imposible capacitar a las personas de forma remota. La idea es que todos deben estar juntos en una habitación para aprender cómo los sistemas internos funcionan o que todo el mundo tiene que asistir al trabajo proporcionado formación. Básicamente, cuando alguien dice esto, lo que realmente está insinuando es que no tienen forma de capacitar a las personas de manera efectiva de forma remota, ni tienen forma alguna de registrar tu entrenamiento para uso futuro, porque cualquiera de ellos contribuiría en gran medida a entrenar a distancia empleados.

No sólo estas cosas son factibles, sino que esta afirmación hace suposiciones sobre cómo la formación y la documentación realmente afecta a la empresa a largo plazo que son realmente mentira. Imagine, si lo desea, una empresa que no tenga modalidad a distancia, que requiera nuevos empleados para recibir capacitación sentados en una sala juntos.

Esto provoca una serie de problemas para la empresa. En primer lugar, ralentiza la incorporación de nuevos empleados porque depende de que haya una habitación disponible y que alguien deba estar disponible para enseñar en ella.

En segundo lugar, la documentación de incorporación es uno de los tipos de documentación más valiosos que puedes tener si tu empresa está creciendo rápidamente; eventualmente tendrás que tener recursos de incorporación para nuevos empleados incluso en un entorno no a distancia, simplemente para asegurarte de que todos obtengan el mismo nivel de entrenamiento. Finalmente, las personas no absorben perfectamente la información que se muestra durante la incorporación, por lo que deberías tener estos recursos disponibles para tu revisión de todos modos.

En esencia, la incapacidad de una empresa para capacitar a tus empleados apunta de forma remota hacia otros problemas relacionados con la capacidad de la empresa para crecer. Como muchas otras objeciones al funcionamiento y control a distancia, este es el resultado de malos procesos que eventualmente causan problemas también en una empresa totalmente física..

No puedes realizar evaluaciones de empleados a distancia

Otra crítica al trabajo a distancia que escucharás es que hace las revisiones anuales o semestrales de los empleados más difíciles. Es verdad que lo hace más difícil para algunos gerentes. Sin embargo, eso se compensa con la cantidad de gerentes que están cómodos con la realización de revisiones a través de Internet.

La tecnología para realizar revisiones con éxito es económica, ampliamente disponible y fácil de usar.

. . .

La mayor parte de lo que sucede en persona durante una entrevista puede realizarse fácilmente a través de Internet utilizando software de videoconferencia y demostraciones de codificación, incluso se puede hacer fácilmente utilizando la tecnología de pantalla compartida. Para aquellos que actualmente están administrando equipos, las revisiones remotas son algo que se volverá más común. Tales revisiones vienen con beneficios para el gerente, especialmente en lo que respecta a la flexibilidad de programación.

De manera física, muchos gerentes están constantemente corriendo entre reuniones, a veces en diferentes lugares. Si se puede hacer una entrevista a distancia, es mucho más fácil programar sin tener que preocuparse por estar en el mismo lugar que el entrevistado. Vale la pena considerarlo como un beneficio.

Como gerente, debes prepararte para un futuro en el que el trabajo a distancia es más común y donde los procesos gerenciales deben realizarse sin la otra parte en la oficina. Es muy arriesgado para tu carrera estar obsesionado con la gestión de equipos en un sólo lugar cuando en el futuro parece cada vez menos probable que funcione de esa manera.

. . .

No podemos medir con precisión el rendimiento de los empleados a distancia

Un problema recurrente del trabajo a distancia es que requiere una mayor organización para cambiar la forma en que evalúan a los empleados. Más que el estilo de evaluación de "colillas en los asientos" de la vieja escuela, tienes que evaluar realmente a los empleados en función del valor que brindan. Esta puede ser una transición difícil, ya que la gestión en muchas organizaciones está más influenciada por el instinto y el tiempo de cara que le gustaría admitir.

Sin embargo, es una transición necesaria. Gran parte de la práctica de la gestión está arraigada en prácticas de mediados del siglo pasado. En aquel entonces tenía sentido, porque la cantidad del trabajo completado normalmente se correlaciona directamente con la cantidad de tiempo gastado en la oficina.

Ahora, sin embargo, ese no es el caso, especialmente en las disciplinas relacionadas con la tecnología. En la era moderna, los empleados a menudo piensan en trabajar fuera de la oficina. Además, muchos están desconectados y pensando en otra cosa mientras están sentados en sus escritorios.

· · ·

En resumen, se trata de tu capacidad para juzgar al empleado. Tu desempeño como gerente es absolutamente terrible si simplemente confías ciegamente en la presencia en la oficina como medida de productividad. Bajo este sistema, la misma situación que te impide medir el desempeño de tus empleados a distancia también vuelve difícil medir con precisión el rendimiento de tus empleados que asisten a la oficina.

Tal configuración no sólo significa que puedes estar subestimando a tus mejores empleados, sino también tiende a significar que los mejores empleados se van mientras los peores se quedan. Si estás haciendo esto, está arriesgando la integridad de toda tu empresa a lo largo del tiempo. De hecho, este resultado es tan común que lo llaman el Efecto Mar Muerto.

Los trabajadores a distancia no pueden aprender de sus compañeros

Otro error común es que los trabajadores a distancia no pueden aprender de otros trabajadores en un sentido colaborativo. Con frecuencia, cuando se discute esto, la gente habla sobre el valor de escuchar conversaciones en la oficina.

. . .

Si bien existen muchas historias apócrifas sobre cómo alguien escuchó algo y por lo tanto fue capaz de resolver un problema en la oficina, piense en la frecuencia con la que lo has visto en comparación con la frecuencia con la que has visto a un compañero de trabajo productivo interrumpido por charlas al azar en un entorno de oficina.

La suposición de que los trabajadores a distancia están completamente aislados de sus compañeros también está en juego aquí. Sin embargo, como hemos visto, eso no es el caso.

Los empleados a distancia pueden y deben colaborar con sus compañeros de trabajo según sea necesario para hacer su trabajo. Esta colaboración también tiende a ser de mayor calidad que la colaboración en la oficina por una variedad de razones, una de las cuales es no interrumpir a todos los demás que estén cerca y concentrados trabajando.

La colaboración remota debe hacerse intencionalmente, con respecto al tiempo de trabajo enfocado de las partes involucradas. Se necesita mucho más esfuerzo inicial para programar una llamada en lugar de simplemente caminar hacia el escritorio de alguien. En consecuencia, la gente tiende a ser más considerada y más preparada antes de que interrumpan el trabajo de los demás.

También tiende a impulsar a las personas a responder preguntas mediante el correo electrónico en lugar de hacerlo verbalmente, crear un "rastro de papel" mucho mejor de las decisiones informales que se tomaron. Esto no sólo ayuda más adelante al intentar determinar por qué se tomaron ciertas decisiones, sino también significa que los estilos de comunicación interrumpida sólo se utilizan cuando son necesarios en lugar de sólo cuando son preferidos por algunas personas.

En muchas oficinas encontrarás que una o dos personas prefieren la interrupción de comunicación o trabajo e imponen su preferencia a todos los demás. Es un problema especialmente grave en entornos de oficina abiertos donde los productivos, pero que se distraen con facilidad, se encuentran continuamente interrumpidos por personas que podrían simplemente haber enviado un correo electrónico.

Los trabajadores a distancia no tienen control sobre sus proyectos

. . .

Una preocupación que los trabajadores pueden tener acerca de la modalidad a distancia es la idea que los trabajadores a distancia tienen menos participación en lo que respecta al alcance del proyecto, diseño de proyectos y distribución de la carga de trabajo. En realidad, esto no es caso, ya que los trabajadores a distancia siguen tan involucrados como los empleados.

Esta es una preocupación válida, ya que algunas empresas tienden a tratar a sus empleados a distancia como ciudadanos de segunda clase, diciéndoles que ellos sólo están interesados en sus resultados, no en sus aportes.

Estas prácticas son una muy mala idea a nivel organizacional, especialmente en un entorno ágil o "similar", donde el aporte del empleado se considera fundamental para el éxito del desarrollo y proceso en su conjunto. Rara vez es una decisión inteligente elegir empleados favoritos y esto sigue siendo cierto incluso si algunos de ellos trabajan a distancia.

Tal montaje conduce al resentimiento y la mejor gente se va mientras los peores aprenden a jugar a la política.

Si las empresas quieren mantener buenos empleados, los empleados deben tener voz sobre cómo se realiza su trabajo.

. . .

Esto también es cierto para los empleados a distancia. Mientras que el último puede pegarse alrededor un poco más porque puede llevar un poco más de tiempo encontrar un trabajo a distancia, no significa que no pensarán en encontrar algo más si se quedan fuera de las decisiones importantes que afectan sus vidas.

Los administradores a distancia no pueden administrar equipos en el sitio físico

Otro concepto erróneo es que los administradores a distancia no pueden administrar en el sitio equipos. A veces esto surge como una de las razones por las que una persona con un puesto mayor o desarrollador no debería querer trabajar de forma remota, ya que puede significar que se pasarán por alto para una promoción.

Dado que los gerentes a menudo requieren una comunicación frecuente con las personas que les informan, no es de extrañar que este es un error que surge de vez en cuando.

. . .

La gestión también es un choque cultural, especialmente en tu primera puesta de dirección y, en particular, en comparación con la jornada laboral enfocada en la tecnología de la información profesional.

Es común que el calendario de un gerente tenga tantas reuniones en bloques distintos que parece que alguien perdió un juego de Tetris. Este tipo de horario requiere mucha interacción con el resto de los equipos, por lo que puede ser difícil lograr de forma remota.

Sin embargo, los administradores a distancia no necesariamente tienen que tener mucha interacción directa y cara a cara como sus contrapartes en la oficina. Gran parte de la interacción gerencial en el sitio es cara a cara porque esa es la forma más sencilla de administrar a las personas en algunos de esos entornos, pero también es una de las razones por las que el trabajo a distancia mejora la productividad de los empleados.

El estilo de su típica administración personal hace que sea probable que las personas sean interrumpidas mientras están tratando de concentrarse. El aspirante a administrador a distancia debe utilizar las herramientas y procesos del equipo a distancia para darles seguimiento.

. . .

En lugar de simplemente caminar hacia el escritorio de alguien para hacer una pregunta, debe hacer la pregunta usando correo electrónico o chat. En lugar de pasar por aquí para obtener una actualización del estado de un proyecto, deben recopilarse durante una breve reunión matutina o con un correo electrónico de informes diario.

Seguido asiduamente, este enfoque significa que el gerente se mantiene fuera del camino del equipo. Esto puede significar que a distancia la gestión realmente mejora la productividad de un equipo simplemente adoptando un flujo de trabajo sin interrupciones.

Comunicación y Cultura

Las empresas también están preocupadas por lo que hará el trabajo a distancia a sus métodos internos de comunicación y el resultado cultural de la empresa. Mientras que la gente se unirá feliz a una empresa por salario más alto, mejores beneficios y trabajo más interesante, la toxicidad o la cultura empresarial disfuncional puede alejar el talento.

. . .

Las culturas empresariales rotas y disfuncionales son enormemente caras e incluso puede ser una amenaza para la existencia a largo plazo de la empresa. No solo hacen que los buenos empleados se vayan, sino también tienden a crear mucha fricción para cualquiera que se quede. Por lo tanto, no sorprende que los gerentes y funcionarios de la empresa estén profundamente preocupados por lo que el trabajo a distancia podría hacer a la cultura interna de la empresa.

En esta sección, revisaremos algunas de las preocupaciones más comunes junto con cómo mitigarlas de manera efectiva.

La investigación ha demostrado que los trabajadores a distancia desarrollan relaciones más débiles con sus compañeros de trabajo que con los internos. Esto ocurre en gran parte debido no a la falta de interacción en los entornos a distancia, sino porque no se toman medidas para ayudar a nutrir buenas relaciones laborales entre empleados.

Si bien algunas de las objeciones tienen una base en la realidad, una de las principales razones para pensar en las objeciones al trabajo a distancia es evitar tener que reaccionar ante ellos. En su lugar, desea minimizar la discusión de objeciones que son personas razonables y directas, hacia objeciones que pueden refutarse fácilmente con datos.

El trabajo a distancia significa que no se pueden hacer ejercicios de construcción en equipo

Una cosa que escuché de los gerentes al hablar del trabajo a distancia es que lo que impacta en su equipo es la noción de que los ejercicios de formación de equipos son difíciles de realizar de forma remota.

Ya sea que se trate de un viaje formal o simplemente del equipo que decide almorzar juntos, la mayoría de los gerentes prefieren que sus equipos exhiban algún grado de camaradería, simplemente para facilitar el trabajo de todos juntos.

Está claro que el modelo clásico de formación de equipos no va a funcionar cuando la gente no viene a la oficina. Esto no significa que la formación de equipos no se puede hacer, pero significa que tienes que hacerlo intencional-mente y de una manera que requiera tomar en cuenta a los miembros del equipo que trabajan a distancia.

Existe una serie de actividades que tú, como gerente, puedes realizar para ayudar formalmente a tu equipo a vincularse entre sí, desde cuestionarios hasta competencias amigables.

Además, para la vinculación informal del equipo, es posible que simplemente desees hacer que los miembros del equipo vengan ocasionalmente a la oficina u a otra localización. Tu empresa ya está ahorrando dinero al permitir que los empleados trabajen a distancia, por lo que debes tener algunos fondos disponibles para transportar personas si es necesario. Muchas empresas han formalizado esto al tener retiros o viajes en equipo.

También deberías hacer más para alentar a los empleados a tener interacciones informales, ya sea al permitir que las personas tengan conversaciones relajadas en una "sala de descanso", en su grupo de chat o al permitir y esperar que los empleados conversen entre ellos durante el día. Siempre que estas conversaciones no interrumpan el trabajo, ayudarán con la formación de equipos.

Las reuniones son más difíciles y menos efectivas con miembros del equipo a distancia

Otra preocupación de gestión cuando se habla del trabajo a distancia es que las reuniones pueden ser más difíciles de hacer bien cuando algunos o todos en el equipo están trabajando a distancia. En mi experiencia personal, esto es una de las cosas más irritantes con las que hay lidiar, ya sea que estén en el lugar o a distancia. Las reuniones en sí mismas son bastante malas sin agregar ningún otro problema a ellas.

Los problemas tecnológicos siempre han sido una plaga en las reuniones con asistentes a distancia. Ya sea por falta de software, la gente tiene problemas para conectarse, o incluso problemas de audio en la habitación. Casi todas las reuniones parecen comenzar con algún nivel de frustración mientras el equipo intenta llegar al punto en el que realmente pueden comunicar.

Si bien esto es absolutamente una desventaja del trabajo a distancia, hay cosas que las empresas pueden hacer para mitigar este problema. Primero, las empresas pueden minimizar el número de reuniones y su longitud. Como cualquiera que trabaje en una oficina le dirá, muy pocas de las reuniones se llevan a cabo de manera eficiente y muchas de ellas son completamente innecesarias en primer lugar. Vale la pena arreglar esto incluso si todo tu equipo está en la oficina.

· · ·

En segundo lugar, para las reuniones a distancia, no puede entrar en una sala y creer que todo funcionará con poca antelación. Es genial si lo hace, pero esa no es simplemente la realidad actual con la tecnología.

En cambio, debe establecer expectativas de que todos lleguen poco antes del comienzo de la reunión para que haya tiempo de tener todo funcionando sin reducir el tiempo asignado a la reunión. Incluso si no todos pueden llegar temprano, aún es más probable que comience a tiempo si la mayoría de la gente llega lo suficientemente temprano para solucionar sus problemas de audio de antemano.

Otro problema que surge es que los trabajadores a distancia a menudo no pueden oír lo que dicen las personas en las reuniones presenciales debido a la acústica en la sala de reuniones. En general, la misma mal acústica hace que sea más difícil escuchar a otras personas incluso si estás en la habitación. Esta mala acústica también significa que los clientes y los socios estratégicos tampoco pueden oír cuando se les llama.

Si bien una discusión extensa sobre cómo arreglar la acústica está fuera del alcance de esta discusión, la mayoría de los problemas con la acústica de las salas de conferencias se pueden corregir colocando pisos alfombrados, paredes absorbentes de sonido y decoraciones a lo largo de las paredes (como estanterías llenas de libros) que evitarán que las ondas sonoras reboten por la habitación. Se arregla fácilmente.

Los empleados en el sitio estarán celosos del control de los empleados a distancia

Otro problema que puede ocurrir es que los empleados que están atrapados en el sitio a menudo se pondrán celosos de sus compañeros de trabajo a distancia. Trabajar remotamente es una gran ventaja y puede generar celos si se distribuye de manera desigual.

Además, aunque muchos trabajos se pueden realizar a distancia, es completamente posible que no todos los trabajos de una empresa se puedan realizar a distancia de una manera eficaz. Por ejemplo, las empresas involucradas en la fabricación pueden mover parte del trabajo fuera del sitio, pero cualquier cosa que requiera el uso del equipo deberá permanecer en el lugar.

Por tanto, es posible que las personas que tienen que venir a la oficina se sentirán celosas de aquellos que no tienen que hacerlo. Mucho de esto depende de la administración. Francamente, los celos todavía suceden incluso si todos están en la oficina.

Ocurre porque un grupo de personas es tratado con favoritismo o es percibido como si fuera tratado de esa manera.

Mientras que parte del personal trabaja a distancia es ciertamente un problema aquí, no es el problema.

Como gerente, debes asegurarte de que tus empleados no sienten que tienes favoritos. Si eso se debe a las amistades de su oficina crean celos o si es porque algunos empleados pueden trabajar de forma remota, como gerente, tú tienes la responsabilidad de asegurarte de que tales problemas se solucionen.

Los trabajadores a distancia no se comunican bien con el equipo

Una cosa que me preocupa como gerente de trabajadores a distancia es que podrían dejar de comunicarse con el equipo de manera oportuna. Cuando alguien está trabajando a distancia y no responde a un correo electrónico, no puedes simplemente caminar hacia su escritorio.

Si bien esto puede ser un problema para los empleados a distancia, es igual de común en los empleados en el sitio. La comunicación adecuada es fundamental independientemente de dónde se encuentren los empleados, y no hay excusa para los empleados a distancia que no responden con una cantidad razonable de tiempo.

Sin embargo, hay otro problema aquí. Es muy común que en la oficina se generen entornos donde la gente espere hasta el último minuto para enviar un correo electrónico con la expectativa de que la persona al otro lado deje lo que esté haciendo y responda. Esto es inapropiado y es un problema para el destinatario.

En un entorno de oficina, a menudo verá al remitente del correo electrónico escrito a último minuto caminando hacia el escritorio del destinatario para preguntarle "¿Ya recibiste mi correo electrónico?" Evitar este tipo de interacción idiota es una de los las razones por las que es ventajoso permitir el trabajo a distancia.

. . .

Permitir el trabajo a distancia significa que aquellos que no planean con anticipación tienen que lidiar con las consecuencias de su comportamiento en lugar de imponer las consecuencias a todos los demás.

Permitir que las personas trabajen a distancia no significa que la dirección no necesita establecer expectativas adecuadas para la comunicación. Si alguien realmente tiene que responder a los correos electrónicos en una hora, entonces eso debe comunicarse a los empleados. La mayoría de las objeciones a las comunicaciones de trabajo a distancia son el resultado de fallas administrativas en la comunicación de expectativas.

Las buenas relaciones de equipo no ocurren a distancia

Otra crítica común al trabajo a distancia es que las amistades (y buenas relaciones de trabajo en general) en equipos a distancia no se forman tan fácilmente. Esto también es cierto. Se necesita un esfuerzo real para construir sólidas relaciones de trabajo con otros miembros de equipos a distancia, especialmente cuando hay suficiente separación geográfica que provoca que el equipo rara vez experimente interacciones en persona.

.   .   .

Sin embargo, esta crítica traiciona una premisa subyacente que es en gran parte falsa. Es decir, las amistades laborales son necesarias para que una empresa funcione sin problemas. Si bien es cierto que las amistades laborales desarrolladas orgánicamente pueden ayudar significativamente a una empresa, gran parte del beneficio se debe a la creación de procesos.

Si piensas en las buenas relaciones laborales que has visto entre compañeros de trabajo en el pasado, una cosa que casi siempre está presente es que ambas partes saben cómo funciona la otra parte y piensa. Esto los lleva a un comportamiento dinámicamente apropiado al momento de realizar operaciones comerciales.

Aunque no pretendo descartar el valor de las buenas relaciones en el trabajo, al menos algunos de sus beneficios pueden realizarse mediante simplemente implementar procesos claros sobre cómo deberían funcionar los sistemas y cómo deben interactuar los empleados. Esto tiene la ventaja adicional de facilitar la formación de nuevos empleados, ya que pueden comunicarse a través de una documentación escrita en lugar de constantemente ir pidiendo ayuda a los empleados existentes (y posiblemente menos eficaces si no "encajan" con el grupo existente).

. . .

Además, si tu empresa tiene un canal de chat abierto a los empleados, encontrarás que un número sorprendente de todos modos interactúa y desarrolla amistades laborales. Los seres humanos son animales sociales y desarrollarán amistades incluso a través de la distancia. Simplemente sucede más lentamente que con las interacciones cara a cara.

No se puede contactar a los trabajadores a distancia cuando los necesitas

Otro temor común de los gerentes cuando se habla del trabajo a distancia es que es posible que no puedan ponerse en contacto con los empleados a distancia cuando lo necesiten. Si bien uno podría argumentar razonablemente que esta es una función, no un error, probablemente no sea la mejor manera de desacreditar esta preocupación particular.

En cambio, es importante centrarse en por qué los gerentes sienten que pueden necesitar ponerse en contacto con un empleado a distancia con poca antelación. Hay varias razones por las que este podría ser el caso, especialmente para puestos de tecnología:

. . .

Muchas empresas tienen personal de desarrollo y otro personal presionado en funciones de soporte y mantenimiento del sistema. Debido a que los sistemas no tienden a fallar en momentos convenientes, La gerencia puede tener una preocupación legítima de que un el empleado simplemente se negará a comunicarse si el sistema falla en un mal momento. Muchas empresas tienen prácticas de programación deficientes en general, con la dirección decidiendo sobre las reuniones con poca advertencia.

• Un equipo a distancia dificulta esto y obliga a la gestión a actuar de manera indisciplinada, algo que algunos gerentes no les gusta mucho.

• Algunas empresas se encuentran en las primeras etapas de su desarrollo y están cambiando rápidamente sus requisitos en respuesta a sus clientes o inversores.

• Algunas empresas todavía están atrapadas en la mentalidad de que la productividad se mide por "colillas en los asientos", y tu preocupación por poder contactar a tus empleados está basada en "registrarse para asegurarse de que estén funcionando".

• Algunas empresas facturan a sus clientes en función del número de horas que sus empleados pasan haciendo el trabajo. Si los empleados están holgazaneando en casa y fuera de tu alcance, esencialmente significa que los clientes posiblemente estén pagando de más.

Si bien todas estas preocupaciones son legítimas, gran parte del temor sobre no poder comunicarse con los trabajadores a distancia es exagerado. Para la mayoría de trabajos en estos días, debes estar conectado con tus compañeros de trabajo de todos modos, solo para hacer las cosas.

De hecho, es rara la posición que te permite desconectarte durante días seguidos sin interacción humana. Más que eso, si no se puede localizar a alguien durante una emergencia, probablemente eran inalcanzables antes de la emergencia.

Este último es un problema que debe manejarse antes de que ocurra una situación de emergencia, ya que indica que alguien no está comunicándose de manera efectiva con el equipo.

Cuestiones prácticas

Además de los puntos habituales sobre cómo "el trabajo a distancia va a arruinar tu vida, tu carrera y la empresa", también hay algunas preocupaciones comerciales prácticas que surgen cuando el trabajo a distancia es discutido.

. . .

Si bien es posible que desees trabajar a distancia, tu organización todavía tiene que poder funcionar con eficacia. El funcionamiento de la organización siempre será una prioridad mucho mayor para tu jefe que tu felicidad personal, por lo que debes poder abordar las preocupaciones de la gerencia sobre las operaciones comerciales. No sólo ser capaz de manejar preocupaciones sobre negocios y las operaciones hacen que sea más probable que se te permita trabajar a distancia, sino también cambia la conversación de ser sobre lo que quieres ser y lo que necesita la empresa.

Recuerda, quieres vender la idea de trabajar a distancia basándote en lo que puedes hacer por la empresa, no en función de lo que puedes hacer por ti mismo. Es mucho más fácil negociar con la mayoría de las personas basado en el interés propio más que en la caridad. El trabajo a distancia aumenta los costos y la gerencia puede estar preocupada de que los trabajadores a distancia aumenten costos.

Esto puede ser en lo que respecta a cualquier cosa, desde requerir más conexiones VPN y el ancho de banda para admitirlas, a más trabajo que debe realizarse para el cumplimiento normativo con control a empleados a distancia. La triste realidad es que existen costos adicionales para habilitar el trabajo a distancia de forma segura, especialmente cuando se consideran cosas como clientes VPN con licencias por puesto, requisitos adicionales de seguridad y posiblemente licencias de software adicionales también.

Sin embargo, para los empleados que trabajan completamente a distancia, los costos adicionales son compensados por el dinero ahorrado al no tener que tener una oficina física para los empleados en cuestión. Si los empleados están sólo parcialmente a distancia, sin embargo, esto sigue siendo un problema.

En este caso, en lugar de debatir los costos, a menudo es mejor señalar que dichos gastos deberán realizarse de todos modos para que la empresa sea resistente a cosas como eventos climáticos y otros desastres naturales. Si bien es posible que necesite cosas como licencias de software VPN para trabajadores a distancia, esas cosas también son necesarias para esos mismos trabajadores para poder trabajar inesperadamente a distancia en caso de inclemencias del tiempo.

Porque la continuidad del negocio es una preocupación importante para la mayoría de las empresas, suele ser útil señalar que el acceso a distancia a los sistemas será necesarios en caso de interrupciones importantes a negociar.

En esencia, estos costos deben pagarse de todos modos, y el trabajo a distancia tiene poco que ver con eso.

El trabajo a distancia constituye un riesgo de seguridad

Muchas empresas están preocupadas, con razón, por los posibles problemas de seguridad planteados por los trabajadores a distancia. Mientras que las redes corporativas tienden a estar bloqueando con activo escaneo de amenazas y acceso restringido a sitios web poco fiables, hacer lo mismo con los ordenadores domésticos de los empleados no es tan simple.

Por otro lado, si un empleado está usando su propia máquina para el trabajo a distancia, probablemente no quiera un espionaje corporativo, ni quiera bloquear su máquina usando el mismo tipo de política que tu empresa podría utilizar.

Por ejemplo, muchas empresas no quieren que sus empleados utilicen servicios de transmisión de video durante la jornada laboral, tanto por el costo de ancho de banda y debido al tipo de problemas que esto posee respecto al tráfico (muchas de ellas son pornografía, películas pirateadas o, al menos, videos no relacionados con el trabajo). Además, es posible que las computadoras domésticas no tengan los parches de seguridad, pueden ser utilizados por terceros que no sean empleados de la empresa, o pueden estar infectados con virus y otro malware.

Cuando estas máquinas se conectan a una red corporativa configurada, el resultado puede ser cualquier propagación de una infección, para derribar todo el sistema y causar la pérdida de datos. Las implicaciones para la seguridad corporativa son profundas y aterradoras para el personal de seguridad y cumplimiento. Y eso es antes de que la empresa considere lo que sucede cuando se roban computadoras domésticas y utilizadas maliciosamente en otro lugar o lo que sucede cuando un empleado es despedido.

Sin embargo, gran parte de la preocupación por la seguridad desde casa es debido a las computadoras que se unen a la red corporativa y resulta ser exactamente el mismo conjunto de problemas que tienes en una oficina cuando un empleado poco responsable está utilizando una computadora de la empresa. También es el mismo conjunto de problemas que ocurren cuando los empleados (como ejecutivos y vendedores) llevan una computadora portátil de la empresa a una feria comercial u oficina.

Cuando regresen con tales computadoras portátiles, es muy posible que sean comprometidos de alguna manera, lo que significa que pueden causar estragos en redes de empresas mal aseguradas. En efecto, si tiene personas que salen del edificio con un portátil de la empresa, ya tiene preocupaciones de seguridad que son muy similares a las que tiene con empleados a distancia.

Hace mucho tiempo, las empresas podían proteger sus redes simplemente teniendo un firewall en el perímetro con políticas sólidas sobre lo que podría entrar o salir de la red.

Hoy en día son largos los infinitos recorridos por la web, y en la mayoría de las redes probablemente sea más seguro asumir que cualquier tráfico en la red es potencialmente hostil. Esto significa que el personal de la red debe bloquear y proteger máquinas de la empresa de forma individual, así como la seguridad del perímetro de la red. Como resultado, muchas de las preocupaciones de seguridad planteadas por trabajadores a distancia ya deberían ser manejadas como resultado de asegurar adecuadamente la red.

. . .

En efecto, la empresa debe bloquear su infraestructura interna crítica independientemente de si la gente trabaja con modalidad a distancia o no. Si la empresa no desea proteger adecuadamente la red, entonces es sólo cuestión de tiempo antes de que tengan una infracción importante independientemente de si permiten el trabajo a distancia o no.

Mientras que algunas situaciones requieren un grado de preparación para la seguridad en las computadoras de los trabajadores a distancias, la parte crítica de la ecuación de seguridad es la protección de sistemas y datos sensibles, la mayoría de los cuales no necesitan residir en las estaciones de trabajo de los empleados.

El trabajo a distancia disminuye la productividad

Otro tema común que escuchas cuando se habla de control a empleados a distancia es la preocupación de que los empleados a distancia sean menos productivos que los empleados en el lugar. Si bien esto es ciertamente posible, especialmente si el empleado no está usando su tiempo de manera efectiva, está lejos de lo universal.

· · ·

La mejor manera de contrarrestar esta objeción es construir lentamente una cantidad sustancial de pruebas que demuestren que esta afirmación es infundada. Es fácil que las personas descarrilen estas discusiones con "Y si", pero es mucho más difícil disputar los datos que indican lo opuesto a tu punto de vista.

Más adelante, analizaremos algunas estrategias para asegurarnos de que los datos están disponibles antes de tener esta discusión, pero esencialmente la idea es demostrar que se puede trabajar a distancia de forma muy limitada antes de argumentar que debería hacerlo con más frecuencia.

Además, hay algo que la gente no tiene en cuenta al hablar de "productividad" que es el significado real de la palabra en el contexto del negocio. Para demasiados, "productividad" tiende a significar "colillas en asientos" en lugar de algo que realmente impulse el negocio adelante.

Deberá ponerse de acuerdo sobre qué es realmente la "productividad" y cómo medirlo antes de poder tener esta discusión. Una frase muy sabia dice: la mayor parte de la administración con la que terminas lidiando no tiene tampoco una definición muy útil.

. . .

Los trabajadores a distancias no pueden trabajar sin conexión a internet

También escucharás ocasionalmente a los gerentes afirmar que los empleados no pueden trabajar sin una conexión a Internet. Dependiendo de las herramientas que estás utilizando, esto posiblemente sea completamente cierto. Sin embargo, tampoco la gente de la oficina. El acceso a Internet es casi tan esencial para la productividad en la mayoría de los trabajos tecnológicos como lo es la energía eléctrica.

Entonces, el problema real aquí es la estabilidad de la conexión de internet doméstica, la conexión a internet abierto y la estabilidad de la conexión a internet de la oficina. Si alguna de estas conexiones falla se requiere interactividad, entonces los trabajadores a distancia no podrán hacer su trabajo. También es muy cierto que el internet residencial suele ser menos confiable que el internet de la oficina.

Si bien es razonable considerar el acceso a internet como un riesgo cuando personas que trabajan fuera de la oficina, es importante darse cuenta que depender de conexiones a internet estables es probablemente más riesgoso de lo que tú puedes pensar.

El internet de la oficina podría desaparecer fácilmente o la red interna podría ser interrumpida. Si es así, ¿la empresa sigue funcionando? Si no, entonces el trabajo a distancia tiene poco que ver con eso, sólo corre un gran riesgo en lo que respecta al acceso a internet.

Sin embargo, si los empleados en el sitio pueden trabajar de manera efectiva sin acceso a internet pero los empleados a distancia no pueden, depende de la gerencia averiguar por qué es así.

¿Hay recursos en la red interna que no están disponibles para los empleados a distancia si la red no funciona? ¿Confías en los empleados a distancia que usan una VPN y luego un escritorio a distancia para conectarse a las máquinas para trabajar? Si es así, entonces sí, tienes un problema.

Sin embargo, ese mismo problema también plantea un riesgo para la continuidad de negocio si tu oficina se vuelve inutilizable.

. . .

En otras palabras, la capacidad de la empresa para apoyar a los empleados a distancias es indicativa de tu resiliencia frente a desastres naturales, daños a un edificio y similares.

Es importante no sólo manejar esto, sino probarlo con frecuencia para asegurarse de que tu plan de respaldo aún funcione: los empleados a distancia son una buena forma de probar esto todos los días.

Los trabajadores a distancia aún tienen que ir a la oficina de vez en cuando, ¿y luego qué?

Otra preocupación surge cuando los trabajadores a distancia tienen que entrar en la oficina. Ya sea para reuniones trimestrales, revisiones cara a cara, o capacitación, es común que el personal a distancia tenga que venir al menos en alguna ocasión. Cuando entren a la oficina, aquí son algunos ejemplos de los problemas que deben resolverse:

¿Dónde se sentarán?

¿Qué equipo usarán mientras estén en el sitio?

. . .

¿Cómo serán productivos mientras estén en la oficina?

¿Cómo llegarán a la oficina (y cuánto costará) si viven fuera del alcance de un viaje diario fácil?

¿Cuánta interrupción causarán los trabajadores a distancia a los empleados en el sitio?

Estas preocupaciones son válidas. Es inusual que una posición sea realmente 100% a distancia. Lo que es más común es una combinación de control a distancia y en la oficina.

Puede ser cualquier cosa, desde empleados que trabajan a distancia en ocasiones en las que necesitan hacerlo en un trabajo que es a distancia, excepto para una visita anual en la oficina.

Cuando entren empleados a distancias, necesitarán un lugar para sentarse, equipo para usar, una forma de llegar allí y la capacidad de estar productivo.

· · ·

Una forma de mitigar este problema es asegurarse de que los viajes a las oficinas son realmente necesarios y tienen un alcance y hora acordados. Esto hace que sea mucho más fácil programar los recursos adecuados y limitar la cantidad de interrupciones que los empleados en el sitio pueden llegar a experimentar.

Muchas de las interrupciones causadas por empleados a distancia que ingresan al sitio son causadas por falta de preparación, objetivos poco claros para la visita, o por no tener una buena idea de las herramientas que estarán disponibles en el sitio. Esto se maneja fácilmente con una buena planificación.

Un tema recurrente cuando se habla del trabajo a distancia es cómo obliga a empresas e individuos a planificar con anticipación, tener objetivos claros y hacer un mejor uso de los recursos que tienen disponibles.

Los trabajadores a distancia son difíciles de administrar

Los gerentes a menudo se preocupan por los empleados a distancia porque pueden ser más difíciles de manejar.

· · ·

Cuando no ves a alguien cara a cara todos los días, puede ser difícil medir cómo se sienten en su trabajo, qué tan pesada es realmente su carga de trabajo y qué, si es que hay algo, los está molestando.

Debido a la falta de conversaciones informales, es fácil sorprenderse cuando a un empleado no le va bien.

Esto puede llevar a perder buenos empleados debido a problemas perfectamente prevenibles.

En efecto, esto puede ser un problema sólo cuando la administración recauda información simplemente caminando y hablando con la gente. Aunque esto puede resultar útil en un entorno de oficina, hay dos problemas. La primera es que acaba siendo muy subjetivo, con directivos que no recopilan buenas métricas sobre los empleados. El segundo es que un proceso como tal a menudo pasa por alto los problemas de rendimiento hasta que los problemas se han vuelto tan graves que no pueden pasar desapercibidos.

Las buenas prácticas de gestión requieren cierta capacidad para recopilar y procesar métricas sobre los empleados de manera desapasionada. Esto es cierto para los empleados en el sitio y a distancia. La diferencia es que con los empleados a distancia, los gerentes no pueden usar más medidas subjetivas y propensas a errores del desempeño de los empleados.

Puede pensar que las mediciones subjetivas, aunque no son precisas, no constituyen un riesgo para la empresa, pero en realidad puede ser extremadamente arriesgado. No sólo corre el riesgo de perder a tus mejores personas mientras promueves a los incompetentes, sino también existe el riesgo de que pueda fácilmente parecen discriminación de alguna manera.

Si no tienes métricas objetivas que respalden tus decisiones, será mucho más difícil demostrar que no discriminaste. Otro ejemplo más de un tema recurrente, que permite a las personas trabajar obliga de forma remota a las empresas a utilizar buenas prácticas que pueden protegerlos de problemas en el camino.

Toda empresa necesita una oficina, eventualmente

Otra excusa práctica que escuchas cuando hablas del trabajo a distancia es que "toda empresa necesita una oficina, eventualmente". Mientras esto fue cierto en un momento, ya no es el caso de un numeroso aumento de empresas.

A medida que evolucionan la tecnología y las prácticas de gestión, la necesidad de tener a todos juntos en el mismo edificio disminuye. Para muchas empresas, no es necesario tener una sola oficina, y para el resto, la tendencia apunta hacia una mayor descentralización, menor se alquila, y sin oficina.

Es fácil pasar por alto tendencias como ésta , especialmente cuando se ejecuta en tu propio negocio.

Cumpliré 40 en octubre de este año y puedo recordar un muy conocido empresario multimillonario que dice que invertir en internet no era una buena idea y la gente perdería mucho dinero jugando con él.

Tenía razón a corto plazo, ya que la caída del mercado a principios de 2000 lo probó. Sin embargo, a largo plazo, las declaraciones anteriores han demostrado ser incorrectas. El mismo chico tiene incluso registro de estas declaraciones y desde entonces ha llegado a lamentar no haber comprado acciones en Amazon y Google hace años.

. . .

Si bien es fácil elegir a un sólo inversor, tenga en cuenta que este es una de las personas más conectadas del planeta en cuanto a su capacidad para ver las tendencias generales de la industria y reaccionar ante ellas. Todavía extrañaba algunas tendencias muy profundas y de largo plazo. Tu jefe no incluso tiene tanta información y de manera similar está ignorando una tendencia línea que ya se está haciendo evidente en muchos lugares.

Celos y ad hominem

Esta es la última categoría de argumentos que se aplica cuando se sugiere trabajar a distancia.

No sólo todos estos son completamente equivocados, basados en el miedo y vagamente insultantes, pero también suelen ser el primero en aparecer. Estarás lidiando con estas objeciones con frecuencia a medida que realizas la transición hacia un rol más a distancia.

Estos argumentos son especialmente perniciosos porque tienen poca base de hecho y están diseñados para ponerte a la defensiva. Piensa en cuántos argumentos has ganado mientras estaba en el defensivos, probablemente muy pocos.

En otras palabras, esta es una táctica para cerrar la discusión y tendrás que aprender a contrarrestar si quieres aprovechar el tipo de cambios positivos en la vida que el trabajo a distancia puede traer.

Los trabajadores a distancia pasan todo el día en pijama. Siempre que surge el tema relacionado al trabajo a distancia, lo que la mayoría de la gente dice primero es algo sobre pasar todo el día en pijama, no tener que usar pantalones, o ni siquiera bañarse. Esta es una afirmación muy extraña cuando lo piensas, dado que nadie hace afirmaciones similares sobre los fines de semana o las vacaciones.

Las probabilidades son bastante buenas de que cuando empezaste a querer trabajar remotamente, "la falta de pantalones" probablemente no fue el más alto en tu lista de preocupaciones. Si bien puedes usar ropa más cómoda e informal para trabajar en casa, esta redacción en particular es inusual.

. . .

La mayoría de los trabajadores a distancia, en algún momento, dejarán de cambiar de pijama o incluso limpiar bien antes de trabajar. Inicialmente, pueden pensar "¿por qué importa mi apariencia si no me estoy viendo en una llamada?"

Si eres como yo, también notarás que eres algo menos efectivo y más fácil de distraer cuando haces eso. Vestirse al menos de forma un tanto apropiada para el trabajo es en realidad una muy buena forma de trazar un límite sólido entre la forma en la que te comportas mientras trabajas y durante el tiempo libre.

Aprendes bastante rápido que ser descuidado mientras trabajas en casa conduce a un trabajo descuidado hecho en casa, y la mayoría de la gente parece darse cuenta de que ser descuidado no es realmente sostenible.

Cuando una persona te dice que los empleados a distancia no tienen que traer pantalones puestos cuando trabajan desde casa, debes preguntarles si eso es lo que harían si estuvieran en esa posición.

Tu afirmación puede ser una proyección de lo que probablemente harían en esa situación, o puede ser algo que simplemente escucharon de las demás personas y no han pensado en ello realmente.

Si necesitas una estimación aproximada de la frecuencia con la que las personas repiten cosas que son falsas pero suenan ingeniosas, escuchar hablar a la persona promedio sobre política durante 10 minutos debe demostrar que es un fenómeno común. No es menos común con temas emocionalmente cargados en un entorno de oficina.

Es muy difícil convencer a alguien de que el trabajo a distancia es una buena idea sin evidencia que lo respalde. La idea errónea de que los trabajadores a distancia son vagos es un buen ejemplo de ello. Antes de que tengas una conversación que podría terminar con esto como un punto de discusión, es una buena idea tener ya algunos datos que lo respalden.

Más adelante, analizaremos cómo hacer precisamente eso.

Mientras tanto, es mejor evitar mencionar el tema a personas que podrían usar este estilo de objeción para descartar la idea.

. . .

Los trabajadores a distancia ven televisión todo el día

Otro error común es que los trabajadores a distancia ven televisión o están distraídos todo el día. Aunque ciertamente es posible que al menos algunos trabajadores hagan esto, no es particularmente común por una variedad de razones.

En primer lugar, es difícil ser productivo a un nivel aceptable al mirar televisión al mismo tiempo. A diferencia de un entorno de oficina donde alguien esencialmente puede holgazanear durante horas siempre que se mantenga en su cubículo, cuando trabajas en casa, el único verdadero indicador de tu ética de trabajo es lo que haces.

Esto tiende a ejercer presión sobre los empleados a distancia, provocándolos a trabajar más duro para asegurarse de que sea obvio que están siendo productivos.

Además, generalmente es una mejor práctica tener áreas separadas para el entretenimiento y el trabajo. Esto no sólo evita que te distraigas con el entretenimiento mientras trabajas, pero también te permite relajarte cuando no estás trabajando en lugar de dejar que el trabajo se filtre en tu tiempo personal.

Después de trabajar de forma remota durante años, puedo decirte que es mucho más probable que el trabajo se inmiscuya en tu vida personal que al revés cuando se trabaja desde casa.

De hecho, más adelante discutiremos por qué los límites sólidos entre el trabajo y el hogar son aún más críticos cuando se trabaja fuera de casa. El exceso de trabajo desde casa es mucho más grave y problemático que no trabajar desde casa, por lo que tienes una ética de trabajo decente y estás motivado para hacer tu trabajo.

Los trabajadores a distancias no deberían obtener el mismo salario

Otra táctica común utilizada para detener la discusión sobre el trabajo a distancia es la implicación de que no se debe pagar a un trabajador a distancia lo mismo que alguien que entra en la oficina incluso si completan exactamente la misma cantidad de trabajo. Si bien esto suena válido en la superficie, se desarma con bastante facilidad.

. . .

Cuando surja esto, pregúntale a la persona que hace esta declaración si el esfuerzo extra de llegar físicamente a la oficina en realidad aporta valor a la empresa en absoluto.

Recuerda, para cuando estás teniendo estas conversaciones, ya deberías tener pruebas de que puedes trabajar de forma remota al menos tan eficazmente como puedas en la oficina.

Entonces, si se está realizando el mismo trabajo en cualquier lugar, ¿qué es el valor comercial de obligar a todos a someterse a un desplazamiento desagradable y estresante mientras se pierde tiempo y gas?

Verás, si se realiza la misma cantidad de trabajo mientras se mejora la vida de los empleados, reducir la rotación y hacer la empresa más resiliente, realmente debe haber una buena razón para pagar más por no tener esas cosas. Es bastante simple.

¿Qué pasa si sólo juegan con sus hijos en lugar de trabajar?

. . .

A veces, a los gerentes les preocupa que los trabajadores a distancia con niños pasen todo el día jugando con ellos en lugar de trabajar. Si bien es probable que exista una preocupación legítima de que las personas con los niños muy pequeños pueden pasar una cantidad excesiva de tiempo cuidándolos, no es una gran preocupación para los niños mayores.

Si tienes niños muy pequeños, probablemente necesites asegurarte de que haya un cuidador infantil adecuado para ellos. No puedes tratar con todas las interrupciones que plantean los niños muy pequeños y gestionar el tipo de productividad que tu empleador espera de ti.

No pretendo restar importancia a la gran cantidad de valor que los padres pueden traer a la mesa de forma remota, pero tendrás muchos problemas si intentas trabajar a distancia durante un período prolongado con pequeños niños y sin cuidador de niños. En el lado positivo, tus hijos incluso pasarán mucho menos tiempo en la guardería de lo que podrían simplemente pasar porque no tienes un viaje diario.

Cuando tus hijos tengan la edad suficiente para no necesitar una constante supervisión, probablemente puedas salirse con la tuya si los tienes en la casa mientras trabajas. Dependiendo de tu edad, es posible que debas verlos con frecuencia, pero es muy factible cuando tienen 7 u 8 años, en la mayoría de los casos.

Sin embargo, la practicidad de trabajar a distancia con niños en la casa no es el problema real cuando alguien menciona este concepto. El problema real es que les preocupa que no seas eficiente y productivo cuando trabajas de forma remota.

Una vez de nuevo, ya deberías tener alguna evidencia de que puede ser productivo de forma remota en circunstancias normales antes de tener un conversación que va en esa dirección.

Cuando le presentas pruebas a alguien de que puedes trabajar con eficacia desde tu casa mientras tus hijos están allí, no es un buen aspecto para que sigan presionando el tema, ya que se acerca mucho más al tipo de discusiones que a RR.HH. no le gustan.

En este caso, si has demostrado que puedes trabajar bien desde casa incluso con los niños allí, y alguien continúa presionando el tema fácilmente para llevar la contraria, puede parecer que te están discriminando por tener niños.

Una vez que tengas una prueba sólida de tu ética de trabajo, ellos encontrarán algo más para perseguir. Una de las principales razones para pensar a través de objeciones al trabajo a distancia es evitar tener que reaccionar ante objeciones.

En cambio, desea minimizar el número de objeciones que son razonables y dirigen a las personas hacia objeciones que pueden fácilmente refutar con datos.

¿Qué pasa si están trabajando para otra persona?

A muchas empresas les preocupa que sus trabajadores a distancia estén trabajando en sus propios proyectos o contratando trabajo para otra compañía mientras están en el reloj.

Si bien hay seguridad y preocupaciones de propiedad intelectual en esta área que discutimos antes, esta objeción en particular tiende a centrarse más en la idea de que está facturando a dos empresas al mismo tiempo trabajo.

. . .

Esto es bastante fácil de contrarrestar. Si puedo hacer dos trabajos al mismo tiempo y tener una vida digna trabajando desde casa, eso significa que la oficina está destruyendo la productividad a tal nivel que la gente está participando en un trabajo productivo menos de la mitad del tiempo que están allí.

Este no es un argumento para hacer que todos se queden en la oficina. Más bien, es un argumento para enviar a todos a casa donde pueden funcionar de forma más eficaz. A menos que creas que su fuerza laboral estará trabajando entretiempo o en dos trabajos, como un ejercicio mostrará rápidamente lo que es un verdadero "día de trabajo" en realidad es en lugar de lo que se considera actualmente.

Incluso si un empleado encuentra tiempo para empezar a trabajar para otra empresa, exactamente lo mismo puede suceder en el horario de oficina.

He trabajado en varias empresas donde la gente estaba trabajando en sus propias cosas mientras supuestamente "trabajan" para la empresa. He visto a gente pasar horas hablando por teléfono sobre su negocio paralelo o incluso tratando de conseguir compañeros de trabajo y clientes para gastar dinero con ellos.

. . .

La verdad es que mucha gente va a tener un negocio al lado. Ya sea consultando, vendiendo algún tipo de producto o incluso la típica estafa de marketing multinivel, una parte bastante considerable de los empleados tiene un segundo trabajo hoy en día debido a la situación económica general.

No sólo es probable que tengan algo más, sino que es poco probable que el empleador pueda detenerlo o incluso detectarlo si están moderadamente cuidando, incluso si está sucediendo en la oficina. Esto es especialmente cierto dada la cantidad de personas que traen teléfonos inteligentes bastante potentes a la oficina en estos días. Ante esto, una reacción más inteligente es permitirles trabajar desde casa y vigilar cuidadosamente para asegurarse de que estén haciendo su trabajo.

Si son buenos empleados, valorarán su trabajo diario más de lo que lo harían si fueran obligados a ir a la oficina, ya que un viaje diario les hace perder el tiempo que necesitan para su segundo trabajo.

En efecto, en lugar de la empresa asumiendo que pueden controlar si los empleados están haciendo algo al margen, están estableciendo las cosas para que los empleados puedan tener un negocio lateral.

. . .

Si bien es contradictorio, este enfoque significa que excluyen la idea de tener su negocio lateral convirtiéndose en un negocio de tiempo completo, y para que no suceda eso necesitan asegurarse que el empleador esté contento con su productividad para mantener tanto su trabajo diario como su negocio secundario. Este enfoque ofrece una mejor influencia al empleador al tiempo que permite al empleado perseguir el tipo de vida que quiere también.

Todos los argumentos anteriores asumen que el empleador puede medir adecuadamente el desempeño de sus empleados en el trabajo. Si ellos no pueden hacer eso, entonces es posible que haya personas que trabajan para alguien más en el reloj incluso en la oficina.

El sutil arte de contrarrestar las objeciones sobre el trabajo a distancia

Es fácil contrarrestar las objeciones al trabajo a distancia si sabes cómo hacerlo. Conceptos erróneos sobre cómo los trabajadores a distancia obtienen sus trabajos hechos son generalizados y, por lo general, muy poco argumentados. Con sólo un poco de esfuerzo por adelantado, estarás mejor preparado para manejar objeciones al trabajo a distancia que cualquier persona promedio.

Además, a medida que te vuelves más consciente de las objeciones comunes sobre el trabajo a distancia, deberías empezar a pensar en formas de contrarrestar esas objeciones mejorando tu propio entorno de trabajo, habilidades, y procesos.

Recuerda que cuando alguien se opone a una idea, eso no significa que no están dispuestos a considerarlo. Simplemente significa que te va a tomar más trabajo convencerlos.

Dado que trabajar a distancia es un concepto bastante nuevo, eso significa que mucho trabajo inicial de tu parte será necesaria para darles una buena primera impresión de trabajo a distancia.

2

Las Cinco Principales Mentiras
sobre el Trabajo desde Casa

Todos los hemos visto: las imágenes de personas sentadas en la playa con un portátil, rodeadas de gente guapa y bebiendo cócteles en medio del día. Y de acuerdo con la copia de venta que acompaña a las imágenes, tú también puedes sentarte en la playa todo el día y ganar miles de dólares sin levantar un dedo. Si eso es lo que busca, realmente no desea tener un trabajo con modalidad a distancia.

Si bien es cierto que puedes ser propietario de un negocio de gran éxito desde casa, también es cierto que requiere trabajo. Mucho. Y cualquiera que te diga lo contrario simplemente intenta venderte algo. El hecho es que los negocios desde el hogar constituyen una gran parte de la economía, y muchas personas tienen mucho éxito en ello.

. . .

De hecho, Forbes la revista dice que el 52 por ciento de las pequeñas empresas se basan en el hogar y esos dueños de negocios obtienen ingresos combinados de miles de millones.

Eso es un montón de negocios exitosos desde el hogar, y una indicación de sólo cuánto dinero se va a ganar. Pero antes de empezar a hablar de las formas específicas de iniciar tu propio negocio, creo que es importante hablar francamente contigo acerca de algunos de los más comúnmente creídos conceptos erróneos sobre el trabajo desde casa, por lo que tendrás una expectativa de lo que hará falta.

Mentira número 1: sólo tienes que trabajar cuando quieras

Esto es absolutamente cierto, si no quieres tener éxito. Poseer un negocio es como cualquier otra cosa que hagas en tu vida: cuanto más inviertas en esto, mayores serán tus posibilidades de éxito. Y si entras en ello con la actitud de "sólo trabajaré cuando me apetezca", no es probable que tengas éxito.

. . .

Inc. Magazine dice que la mayoría de los propietarios de pequeñas empresas trabajan 50 horas por semana, y el 25 por ciento de ellos trabaja más de 60 horas a la semana. Compare eso con las 33,8 horas que trabaja la mayoría de los empleados, según la Oficina de estadísticas laborales.

Esta mentira ha sido difundida por los esquemas de enriquecimiento y por los estafadores que intentan convencer a la gente de que compre sus productos falsos, pero simplemente no es cierto. Si tú quieres construir tu sueño, requerirá mucho trabajo y compromiso.

Mentira número 2: no tienes que responderle a nadie

Este es uno de mis conceptos erróneos favoritos porque yo mismo me enamoré de él. La creencia es que, dado que tú eres el propietario del negocio y el jefe, sólo tienes que responderte a ti mismo. Suena tentador, ¿no? pero quien sea que inventó esta mentira se olvidó de una pequeña cosa: los clientes.

No importa qué tipo de negocio inicies, tendrás clientes. Siempre hay un usuario final para tus productos o servicios, y como propietario de una empresa, depende de ti trabajar en torno a sus horarios, hacerlos felices y asegurarte de que estén satisfechos para que sigan comprando. Tú también quieres que les cuenten a sus amigos y familiares sobre ti, y no harán eso a menos que los trates como el jefe.

Y si bien es cierto que tomarás la mayoría de las decisiones sobre cómo administrar el negocio, aún tendrás que responder a todos y cada uno de tus clientes.

Entonces, en lugar de un jefe, tendrás docenas. Bien, revelemos otra mentira del negocio desde casa.

Mentira número 3: puedo dejar mi trabajo diario inmediatamente

Mucha gente cree que una vez que se inicia una empresa en el hogar, el negocio llegará y, en poco tiempo, estará ganando un sueldo grande y abundante. Pero la verdad es que tendrás que construir tu negocio de forma lenta y constante, como lo hace cualquier otro empresario. Si dependes de los ingresos de tu trabajo actual para pagar tus facturas, debes construir tu negocio lentamente mientras mantienes tu trabajo diario para que no te quedes corto financieramente.

. . .

Es natural querer ponerse manos a la obra y dirigir tu nuevo negocio, pero si tus finanzas no lo permiten, simplemente no tienes otra opción. Muchas personas han comenzado su negocio desde el hogar mientras seguían trabajando en sus trabajos habituales, y lo hacen hasta que la empresa genere suficientes beneficios para sustituir del cheque de pago perdido. Trabajar hacia este objetivo a largo plazo recompensa más adelante con un negocio sólido y estable. Además, si haces un error al hacer despegar tu negocio, tener otro cheque de pago te permitirá recuperarte económicamente de él más fácilmente.

Mentira número 4: necesito una educación universitaria para iniciar un negocio

Según un estudio, poco más de la mitad de las personas que inician un negocio desde su casa tiene un título universitario. Ahí lo tienes. En otras palabras, casi el 50 por ciento de los propietarios de negocios desde el hogar no tienen un título universitario.

Algunas personas piensan que esto se debe a que los dueños de negocios tienden a ser inconformistas y quieren hacer las cosas a tu manera. Otros piensan que es porque una vez que un emprendedor tiene una idea de negocio, no quiere tomarse el tiempo para obtener una licenciatura de cuatro años cuando en su lugar podrían estar construyendo un negocio. Lo que sea la razón, puedo decirte esto. Si eliges un negocio que no requiere formación específica, como un negocio centrado en TI u otra área de especialidad, puedes hacerlo bien sin un título universitario. Lo sé porque no tengo uno, y me las arreglé para construir varias empresas exitosas.

Mentira número 5: los clientes no me tomarán en serio si dirijo mi negocio desde el hogar

Hace mucho tiempo, los propietarios de negocios desde el hogar tenían que ocultarles a sus clientes el hecho de que trabajaban desde casa. Fueron obligados a alquilar temporalmente suites en edificios para que los clientes no adivinen que no tienen una ubicación comercial. Afortunadamente, los tiempos han cambiado.

Ahora que más de la mitad de las empresas operan desde sus hogares, la actitud del público ha cambiado y es ampliamente aceptado emprender negocios en el hogar.

Pero sólo porque se acepta, no significa que no tengas que ser profesional en tu trato con los clientes. Por ejemplo, ningún cliente quiere mantener una conversación de negocios por teléfono con un niño que grita en el fondo. Y si tu empresa requiere reuniones en persona con los clientes, debes dividir una parte de tu casa donde tendrán la menor cantidad de contacto con tu vivienda. Podrías convertir una parte de tu garaje en una oficina, un ático o agregar una puerta exterior a un dormitorio de invitados.

Incluso si no te reúnes con los clientes, te facilitará la vida si dedicas una parte de tu hogar a tu negocio y lo mantienes limpio y organizado. Y si tienes niños pequeños en casa, deberás establecer un horario para que, cuando estés en el trabajo, sean atendidos por alguien más.

Bien, ahora que hemos hablado sobre los mitos comunes que rodean a los negocios, profundicemos en los consejos para trabajar a distancia de forma ideal.

3

Lo Que Necesitas para Ser Efectivo en el Trabajo a Distancia

Si tu jefe te permite trabajar a distancia o empiezas un negocio en tu hogar, es posible que puedas hacerlo sólo con tu computadora y otros equipos domésticos. Sin embargo, eso podría ser una mala idea. Al sugerir trabajo a distancia a largo plazo, la idea no es sólo para poder hacerlo por un sólo día, sino para demostrar que el trabajo a distancia es una mejora con respecto al trabajo en la oficina.

Si quieres hacer esto de manera efectiva, lo último que necesitas es tener un equipo que procure y evite una falla u otro problema previsible. No sólo tal evento puede ser estresante, pero si las cosas van lo suficientemente mal, puede arruinar la impresión de tu empleador o de tus clientes sobre el trabajo a distancia.

· · ·

Para prepararse eficazmente para el trabajo a distancia, debes asegurarte de que tu entorno de trabajo desde casa es al menos tan bueno como, si no mejor que, tu entorno de trabajo en la oficina. Hacer esto bien vuelve más probable que te permita trabajar desde casa en el futuro, mientras que prepararte mal es peor que no hacerlo en absoluto.

Recuerda que este experimento del trabajo a distancia será visible para la gerencia y bien puede influir en tu percepción del trabajo a distancia durante mucho tiempo.

Cuando sugerí trabajar a distancia en el pasado, vi a la gerencia relatar historias que tenían por lo menos 10 años, y es un tiempo terriblemente largo para superar una mala impresión si no te has preparado adecuadamente. El trabajo a distancia requiere más que el equipo adecuado.

Tú también debes asegurarte de tener un espacio de trabajo adecuado, herramientas de software apropiadas y la capacidad de sincronizar datos entre tu entorno de trabajo y el entorno de tu hogar. Ese último punto es especialmente importante, ya que necesitas poder transferir sin problemas datos útiles entre los ambientes de tu hogar y del trabajo.

· · ·

Después de todo, no querrás ser incapaz de obtener la información que necesitas de tu sitio de trabajo para hacer tu trabajo.

Si la tarea de preparar tu entorno de trabajo a domicilio se siente abrumador, no te preocupes. En este capítulo, te ofreceré una lista completa de todo lo que necesitarás para que puedas tener un buen comienzo.

Cómo garantizar una conexión resistente a internet

Probablemente una de las cosas más importantes por hacer bien cuando trabajas de forma remota es tu conexión a internet. Mientras que la banda ancha residencial ha mejorado a lo largo de los años, sin duda está lejos de ser perfecta. Es posible que no notes muchas interrupciones durante las horas pico de uso, como por la noche, pero durante el día, tu conexión a internet puede ser irregular a veces.

Hay una variedad de razones para esto. La primera es que gran parte del mantenimiento de las conexiones del internet residencial ocurren durante el día. Esto puede ser todo desde líneas que reemplazan a alguien que está jugando con la conexión desde la calle mientras intenta solucionar problemas con el cable de su vecino problemático.

En resumen, es muy fácil sorprenderse de lo inestable que es la conexión a internet residencial realmente.

Además, si estás tratando de concentrarte en el trabajo cuando tu conexión a internet se apaga repentinamente, probablemente también estarás extremadamente decepcionado por la lentitud con que tu proveedor de internet solucionará tu problema.

Cuando intenté trabajar a distancia de forma regular por primera vez, hice unas semanas antes de que mi conexión a internet sea interrumpida. Cuando me comuniqué con mi compañía sobre el problema desde el lunes por la mañana cuando sucedió, me informaron que ellos podrían mandar a alguien tan temprano como el jueves por la mañana de la semana siguiente.

Si no hubiera tenido otras opciones en su lugar, eso habría significado nueve días laborales perdidos simplemente porque no pudieron conseguir a alguien en el lugar para solucionar el problema. Ahora, en lugar de simplemente aceptar que iba a tener que o agotar todo mi tiempo de vacaciones o volver a la oficina cortesía de mi compañía, terminé obteniendo una conexión de nivel empresarial a la casa en lugar de una residencial.

En ese momento, tener internet empresarial significaba que el proveedor respondería a un apagón dentro de las cuatro horas. Una ventana de interrupción de cuatro horas es mucho más fácil de manejar que una de nueve días.

Para empezar, según el tipo de trabajo que tienes que hacer, es muy posible que puedas salir con la tuya trabajando durante unas horas de forma totalmente desconectada. Si bien es posible que no puedas codificar en tal situación, si estás preparado, es posible que puedas hacer algo como escribir especificaciones. Si tienes mucha suerte, es posible que aún puedas escribir código pero no poder interactuar con nada fuera de casa. Desde el principio, debes tener un plan sólido sobre cómo manejar una variedad de problemas de internet.

Creación de un espacio de trabajo eficaz

. . .

También necesitas un espacio de trabajo decente cuando trabajas desde casa. Si bien puedes pensar que puedes ser eficaz mientras estás sentado en tu sala de estar en el sofá, la realidad es que esos entornos distraen, suelen tener una ergonomía deficiente y no se sienten como espacios cómodos de trabajo a largo plazo. Además, si tienes mascotas o niños corriendo, es casi imposible participar de manera efectiva en reuniones en tal espacio.

Una vez tuve un compañero de trabajo que insistió en que se le permitiera trabajar en casa durante un par de días, pero que no estaba dispuesto a montar una oficina real para trabajar.

La empresa le permitió trabajar de forma remota pero también se suponía que participaría en una reunión con nuestra junta directiva para mostrarles en qué había estado trabajando. Él obedientemente acampó en el sofá de su sala de estar y comenzó a trabajar.

Lo llamamos para nuestra reunión a las 9:00. No solo podríamos oír caricaturas y los niños discutiendo en el fondo, sino que tenía que silenciar constantemente su transmisión de audio para gritarle a los niños. Además, cuando estuvo en la llamada más tarde con la junta, su gato saltó sobre su teclado mientras hablaba y enseñó su parte trasera en la pantalla.

Esa historia surgió cada vez que nosotros abogamos por poder trabajar desde nuestras oficinas en casa. No deseas que tu empleador asocie el trabajo a distancia con el cuarto trasero de un gato agitado que se muestra a las personas que pagan por cosas. Puedo decirte por experiencia que este tipo de asociación es difícil de superar. Lo mejor de tener un espacio de trabajo decente es poder dejarlo.

En lugar de estar justo en el medio de un área "divertida", estás en un área dedicada al trabajo. Tener un área dedicada al trabajo reduce la frecuencia de problemas no laborales que interrumpen tu día, y también hace que sea más fácil alejarse de tu trabajo cuando están hecho por el día.

Este límite es clave tanto para el tiempo de trabajo efectivo como para tener un buen equilibrio entre el trabajo y el resto de tu vida.

A menos que vivas solo, generalmente recomendaría que tu espacio de trabajo tenga una puerta que lo divide del resto de tu residencia. La idea aquí es hacerlo muy obvio e inequívoco cuando estás trabajando para que otras personas no puedan malinterpretar. Esto hace que sea mucho más fácil establecer buenos límites con cualquiera que viva contigo.

En general, también debes intentar mantener el espacio de trabajo al menos limpio y organizado como tu espacio de trabajo en la oficina. Esto ayudará a mantener tu eficacia y acabas con lo incómodo y la limpieza apresurada que de lo contrario ocurre justo antes de una videoconferencia.

Además, debes prestar atención a algunas otras cosas en tu espacio de trabajo para limitar las distracciones. Deberías probar un espacio de trabajo lejos de las principales zonas peatonales de tu residencia. Al mismo tiempo, deseas estar bien lejos de ruidos y sonidos que distraen, como televisores, lavavajillas, secadoras, lavadoras y unidades de aire acondicionado. Asegúrate de que puedas mantener el espacio en cuestión a una temperatura razonable también durante los extremos estacionales. Puede ser muy molesto intentarlo y trabajar en una oficina que es incómoda debido a la extrema temperatura.

También debes hacer todo lo posible para asegurarte de que puedes controlar la iluminación en la habitación. Presta especial atención a las ventanas que dan al este o al oeste, ya que es probable que produzcan un resplandor durante el día.

Ten cuidado si tus ventanas miran hacia el ecuador (en otras palabras, al sur si estás en el hemisferio norte y al norte si se encuentra en el hemisferio sur), ya que durante ciertas épocas durante el año, también recibirás mucha luz y deslumbramiento en esa dirección.

Asegúrate de tener cortinas o persianas que se cierren para que puedas bloquear otras distracciones virtuales si es necesario. Por último, asegúrate de que tu espacio de trabajo no tiende a llenarse de polvo o a ser demasiado húmedo, ya que tales condiciones pueden ser difíciles para tu equipo tecnológico y también puede causarte problemas de salud.

Recuerda que trabajarás en esta sala casi tanto tiempo como duermes en tu habitación y planificar en consecuencia.

Escritorio y asientos

. . .

Podrías pensar que un escritorio barato que compraste en una oficina almacén de suministros es suficiente para el trabajo a distancia.

Tal escritorio puede funcionar por un tiempo, pero eventualmente puedes sentir dolor debido a lesiones por esfuerzos repetitivos o simplemente una mala postura al estar sentado.

Además, si bien es posible que puedas sentarte en una silla de cocina normal durante uno o dos días, estas sillas no están diseñadas para largos períodos de trabajo sentado y, a menudo, puede volverse muy incómodo después de unas horas, por no hablar de períodos de tiempo más largos.

Los escritorios y sillas de computadora son de vital importancia para un ambiente de trabajo a distancia sostenible a largo plazo. No sería razonable tener la capacidad de trabajar a distancia, sólo para encontrarte a ti mismo en constante dolor e incapaz de disfrutar tu recién mejorada calidad de vida. Tu escritorio, asientos y la disposición del mouse y el teclado son la clave para hacerlo bien.

· · ·

Para tu escritorio, debes tener uno donde se puedan adaptar al menos dos monitores y una computadora portátil.

Incluso si estás utilizando una computadora de escritorio o computadora para tu trabajo de desarrollo diario, es probable que necesites el espacio adicional en el escritorio para una tableta, versiones impresas de especificaciones, o incluso un tercer monitor.

Además, generalmente es mejor obtener una buena bandeja de teclado articulada, como cuando un teclado se coloca directamente sobre el escritorio, a menudo también en lo alto para evitar problemas en los hombros.

Para tu silla, te recomiendo que obtengas una silla de oficina o silla de juego. Mientras puedas sobrevivir por un tiempo con una silla de oficina barata, verás que se vuelve bastante incómodo con el tiempo.

Por experiencia personal y de muchos amigos, una de las causas más frecuentes del dolor es la falta de asiento. Si se debe a un respaldo deficiente, incapacidad para ajustar el ángulo del asiento, o incapacidad para descansar la cabeza, una silla de oficina en mal estado puede conducir a largo plazo dolor.

Si bien una larga discusión sobre ergonomía sería un libro en sí mismo, hay algunas pautas generales que te ayudarán a mejorar de elección: es necesario un soporte lumbar.

Quieres poder ajustar el respaldo de la silla para evitar la ciática sobre el dolor de espalda a largo plazo y a corto plazo.

También debes poder ajustar la altura de los brazos de la silla como el espacio disponible entre los brazos. Puede ser extremadamente incómodo estar abarrotado en una silla que se siente como si fuera el tamaño equivocado. Tu silla debe poder girar completamente. Es molesto tener una silla que no hace esto cuando intentas trabajar durante un período prolongado de tiempo. Debes asegurarte de tener el tipo correcto de ruedas en la silla.

Son diferentes para las alfombras que para las superficies más duras. El respaldo de la silla debe tener una tela transpirable. Mientras estos sin esta función se sienten cómodos cuando los pruebas en el almacén, se calientan rápidamente y se vuelven asquerosos si tu oficina se calienta demasiado.

Deberías poder descansar los pies cómodamente en el suelo, o necesitas un reposapiés (yo uso un reposapiés, personalmente). Los cojines deben ser de espuma duradera que no se desgaste rápidamente. Muchas sillas cómodas se desgastan rápidamente y se vuelven incómodas en poco tiempo. Es muy importante conseguir el tipo de silla adecuado para tu hogar-oficina. Si bien puede ser costoso, el costo no es nada comparado con los costos de tener problemas constantes de espalda, cuello y hombros.

Asegúrate de tener una computadora decente

Siguiente en la lista de cosas que pueden hacer o deshacer tus esfuerzos de trabajo a distancia es tu computadora. Si tienes suerte, puedes tener una computadora lo suficientemente potente proporcionada por tu trabajo. Sin embargo, también es muy probable que no sea así.

Si este es el caso, debes asegurarte de que tu computadora personal está a la altura de la tarea. Sería terrible llegar al punto en el que puedes trabajar desde casa, sólo para tener una gran computadora doméstica con poca potencia que hace que sea imposible ser productivo.

. . .

Cuando me pagaron por escribir código por primera vez, lo hice usando una computadora que tenía un procesador de 266MHz y un disco duro de computadora enorme que no se consideraría una unidad USB respetable para un niño estos días.

Lo que hoy se considera una computadora demasiado poderosa en unos pocos años será simplemente "OK". En 10 años, se considerará extremadamente poca potencia. Dada esa computadora apropiada las especificaciones cambian tan rápidamente que es casi imposible recomendar cualquier cosa aquí que sea una buena sugerencia, incluso dentro de unos años.

Afortunadamente, normalmente puede hacerse una buena idea de qué tipo de máquina debe utilizar echando un vistazo a lo que tiene en el trabajo.

Preste especial atención a aspectos como la velocidad de la CPU, la cantidad de núcleos, cantidad de RAM, tipo de tarjeta de video y el tipo y velocidad de las unidades en el sistema.

Ahora, antes de salir y comprar una máquina similar, también observa qué tan bien esa máquina satisface tus necesidades. Cuando determines qué comprar, probar y tratar las especificaciones de esta máquina como mínimo para la máquina que tienes en casa. Una máquina doméstica más potente es una excelente compensación para una conexión a internet y vale la pena el costo, incluso si tu trabajo no está pagando por ello.

Además, observa bien tus monitores (deberían haber generalmente al menos dos). Querrás algo al menos tan bueno en casa. Esto también es cierto si se te proporciona una computadora portátil de trabajo y monitores adicionales en el trabajo; debes intentar hacerlo al menos bien en casa.

Estas sugerencias pueden tener un precio que inicialmente parece elevado.

Sin embargo, ten en cuenta que esta es una inversión que será rápidamente compensado por los costos más bajos y la mejor calidad de vida que obtendrás experiencia al trabajar desde casa. Si de verdad quieres trabajar de forma remota, debes hacerlo con el mejor hardware que puedas.

Herramientas para darle seguimiento al tiempo

. . .

Además de un escritorio adecuado, una computadora decente y un espacio de trabajo ideal, también te recomiendo usar una herramienta para rastrear tu hora. Si bien tu empleador probablemente tenga un sistema de tiempo ya sincronizado con tu horario, es una buena idea conseguir un sistema de tiempo económico que te permita realizar un seguimiento de tus actividades durante el día, incluidos los descansos.

Es muy fácil cuando se trabaja de forma remota adquirir el hábito de trabajar muy poco o demasiado. Durante las primeras semanas de control del trabajo a distancia, a menudo puede ser de gran ayuda si realizas un seguimiento de todo tu tiempo, incluido tu tiempo libre, para asegurarte de que estás manteniendo un equilibrio razonable entre el hogar y la oficina.

Ya sea que descubras que estás siendo o no lo suficientemente productivo, tener esta información registrada te ayudará a solucionar el problema.

Sincronización de archivos y notas

. . .

Si trabajas a distancia y tienes una computadora en la oficina, también es necesario tener un buen mecanismo para mover archivos entre un dispositivo y otro. Además, necesitas una buena forma de sincronizar tus notas entre ubicaciones.

La mejor manera de lograr estos objetivos varía considerablemente dependiendo del tipo de restricciones de seguridad que tenga tu empleador, cómo se comunica con tu equipo y con qué frecuencia cambia de ubicación.

El objetivo principal de todo esto es asegurarse de que las entradas a tu proceso de trabajo (cosas como especificaciones, notas y documentación) están disponibles de manera independiente de la ubicación.

Si bien esto puede ser tan simple como tener un cuaderno que siempre llevas a tu escritorio o tan complejo como una herramienta como las de los sistemas operativos de la computadora o teléfono inteligente, necesitas tener alguna forma de asegurarte de que puedes obtener información cuando la necesites.

Incluso si estás trabajando de forma remota con la computadora de tu oficina, son ocasiones en las que necesitarás tener información disponible sobre el escritorio de tu hogar que de otro modo estaría en el escritorio de tu trabajo.

Por ejemplo, si estás usando Skype u otra herramienta de videoconferencia para llamar a reuniones, probablemente utilizarás este software desde la máquina de tu casa en lugar de a través de algo como escritorio con control a distancia.

Como resultado, si necesitas tus notas u otros artefactos del proyecto mientras estás en la reunión, tendrás que poder comunicarte con ellos desde el escritorio de tu casa incluso si haces todo el trabajo desde la máquina de la oficina.

Sobre todo, tu objetivo principal debe ser eliminar todo lo que podría ralentizar tu trabajo mientras estás a distancia. Esto lo hace más fácil para tu entorno de trabajo a distancia compararse favorablemente con el de tu oficina.

Ser accesible por teléfono

. . .

Si bien la mayoría de los programadores que conozco realmente no quieren responder llamadas telefónicas, hay momentos en que es necesario.

Algunas de las empresas te proporcionarán un teléfono de escritorio IP que puedes simplemente conectarlo a una red cableada.

Estos teléfonos hacen que sea fácil y transparente para otras personas llamarte.

Sin embargo, para empresas con poca experiencia con trabajadores a distancia, necesitas tomar pasos adicionales para asegurarte de que estás accesible por teléfono.

Una opción sencilla es simplemente reenviar llamadas desde tu teléfono de escritorio en el trabajo a tu teléfono celular personal. Dado que la mayoría de la gente tiende a mantener tus teléfonos móviles con ellos la mayor parte del tiempo, esta es una excelente manera de asegurarte de que estás disponible.

Además, si no tienes un escritorio proporcionado por el trabajo, puede valer la pena cambiar tu firma de correo electrónico para incluir también tu número celular. Si bien no deseas tener muchas llamadas de trabajo a tu teléfono celular personal, especialmente si la empresa no paga por ese teléfono celular, puede que valga la pena hacerlo sólo para poder trabajar sin problemas desde casa.

Además, debes asegurarte de que seas fácilmente accesible en los programas de chat que se utilicen en tu empresa. Si tú eres fácil de contactar en el chat, la mayoría de las personas conocedoras de la tecnología no te llamarán de todas formas.

Personalmente, no me gustan las interrupciones causadas por las llamadas telefónicas, y trato de minimizarlas siendo fáciles de alcanzar de otras maneras.

También puede resultar útil cambiar tu mensaje de correo de voz e indicar otras formas de comunicarse contigo, ya que al menos algunas personas lo harían, prefiero evitar el teléfono también.

Cámara web y auriculares

Finalmente, debes asegurarte de tener una cámara web decente y unos auriculares con un buen micrófono.

Cuando participas regularmente tú mismo en conferencias telefónicas, debes asegurarte de que te escuches bien y te veas lo mejor posible.

Si bien puedes pensar que se trata del tono de voz o de tu apariencia, el problema real es que tu imagen y sonido deben ser tan fiel a la vida como sea posible cuando estás en una reunión.

La idea aquí es doble. En primer lugar, si las personas no pueden ver o escuchar tus expresiones faciales, es mucho más fácil que te malinterpreten cuando estás discutiendo algo en el contexto de una reunión.

Además, si la gente apenas nota que estás a distancia cuando está en una llamada contigo, reduce la probabilidad de que alguien comience a presionar para que vengas a la oficina.

Para tu cámara web, es posible que puedas arreglártelas con la cámara web encendida de tu computadora portátil si tienes una. Si no es así, prueba con uno de las económicas cámaras web con capacidad HD que puedes comprar en la mayoría de las tiendas de electrónica. No necesitas una cámara de nivel profesional pero necesitas una que tenga un resultado razonablemente atractivo cuando esté en uso.

En segundo lugar, recomiendo unos auriculares para llamadas. Nada es más molesto que estar en una llamada con alguien que no tiene auriculares. Al carecer de auriculares, los altavoces de tu computadora están emitiendo el ruido de una reunión, que se recogerá de inmediato junto a tu micrófono.

Los ecos creados de esta manera distraen mucho y pueden hacer que tu equipo se enoje mucho contigo. Del mismo modo, si tu micrófono te hace sonar como si estuvieras transmitiendo desde el interior de una lata, la gente tendrá dificultades para entender. Así que necesitas unos buenos auriculares para trabajar desde casa.

Al elegir un auricular, la mayoría de los auriculares inalámbricos para juegos son suficientes para tus necesidades. Quieres unos auriculares inalámbricos para que no estés constantemente lidiando con problemas al usar un cable.

También es bueno tener unos auriculares con un bonito micrófono boom para que tu voz no se vuelva repentinamente más baja o más fuerte cuando mueves la cabeza.

· · ·

Idealmente, este micrófono fue diseñado de tal manera que no recoge una excesiva cantidad de ruido de fondo. La mayoría de los auriculares para juegos parecen hacer un buen trabajo con esto, pero tu experiencia puede variar si vives en un lugar con ambiente particularmente ruidoso.

Tener un buen equipo a mano para videoconferencias hará más probable que se te siga permitiendo trabajar a distancia.

Recuerda que las conferencias telefónicas y las videoconferencias son la principal forma en que las personas se forman una impresión de tu trabajo ambientado al domicilio.

Quieres que esa impresión sea tan positiva como sea posible.

Equipa bien tu oficina en casa para la productividad

Deberías dedicar algo de tiempo y dinero a asegurarte de que tu oficina en casa es apta para trabajar. Si quieres convencer a tu jefe para que puedas trabajar desde tu casa, tiene que demostrar que el entorno es al menos tan bueno como el entorno de la oficina si no mejor.

Además, debes ser eficaz en tu entorno al menos en el mismo grado que cabría esperar en un ambiente de oficina.

Vale la pena hacer todo bien antes de que intentes convencer a cualquiera de que te permita trabajar a distancia, ya que la gente suele ser más fácil de convencer cuando aún no has hecho una mala impresión.

Además, si tienes algún tipo de ética laboral, debes desear que tu entorno de trabajo a domicilio sea productivo para sentirte eficiente.

El trabajo a distancia no te hará sentirte bien contigo mismo si sabes que podrías ser mucho más eficaz en la oficina. Si preparas las cosas correctamente antes de empezar, puedes asegurarte de que el trabajo con modalidad a distancia es una experiencia positiva para todos los involucrados.

4

Creando Buenos Hábitos para el Control a Distancia

TRABAJO

Una vez que hayas convencido a la dirección de que te permita trabajar a distancia de forma regular o que hayas podido emprender con algún negocio de domicilio, debes asegurarte de establecer rutinas para trabajar a distancia.

Hay muchas preocupaciones que debes abordar a lo largo del tiempo. En general, estos se pueden dividir en dos grandes categorías: las que giran en torno a ti y tu hogar, como tu salud y tu vida social, y las relacionadas con la oficina como tratar con la dirección y los compañeros de trabajo.

. . .

Cuando se trata de lo primero, debes asegurarte de que tus rutinas ayudan a evitar el aislamiento social, evitar que te vuelvas descuidado con tu salud y apariencia física, y limitar las interrupciones del hogar.

Con respecto a las preocupaciones de la oficina, tus hábitos de trabajo a distancia deben ayudar a lidiar con la administración, maneja tener que ir a la oficina eficientemente y mantén tus habilidades afiladas a través de un entrenamiento regular.

En este capítulo, te mostraré los problemas más importantes que probablemente enfrentarás.

En términos de tu hogar y tú mismo, así como la oficina y colegas y, en particular, cómo los buenos hábitos pueden ayudarte a lidiar con ellos. Después, te daré instrucciones detalladas sobre cómo elaborar tu horario ideal para hacer tu vida más fácil.

Si bien ciertamente puedes usar todo el tiempo y dinero que ahorras desde trabajar de forma remota para ver televisión e ir a restaurantes cerca de casa, probablemente sea mejor que hagas otros cambios importantes en tu vida también.

. . .

Vale la pena repensar mucho tu rutina normal cuando se trabaja a distancia, ya que es una excelente oportunidad para cambiar tu vida para mejor a lo grande.

Crear buenos hábitos: tú y tu hogar

Es mejor intentar establecer una buena rutina para ti tan pronto como empiezas a trabajar regularmente desde casa.

Aunque ciertamente puedes cambiar tus hábitos de trabajo más tarde, es mucho más fácil cambiar tus hábitos al mismo tiempo que cambia tu horario. La calidad de tus hábitos diarios mientras trabaja de forma remota determinará tu éxito a largo plazo.

Trabajando desde casa, hay varios problemas que pueden afectar tu trabajo, y tu vida en general, que no están tan presentes cuando trabajas en la oficina. Miremos más de cerca.

Dieta y ejercicio

. . .

Debes asegurarte de hacer al menos algo de ejercicio cada semana. El ejercicio hace varias cosas por ti.

Primero que nada, mejora tu salud en general, lo cual es importante independientemente de donde trabajes.

También generalmente te sacará de la casa a interactuar con otras personas que no son tus compañeros de trabajo. Estas relaciones valen la pena.

El ejercicio también te ayudará a quemar mucha frustración relacionada con el trabajo, que sigue siendo común, incluso si estás trabajando de forma remota. Yo mejoré drásticamente mi peso máximo de peso muerto en una sola repetición durante un período particularmente malo de un trabajo anterior simplemente porque levantaba pesas cada vez que me irritaba.

Intenta hacer al menos dos entrenamientos a la semana y asegúrate de que estén lo suficientemente intensos como para hacerte sudar, pero no te excedas a menos que eso sea algo que te gusta. Como la mayoría de las cosas, hay una Regla 80/20 con ejercicio. El veinte por ciento del esfuerzo logrará el 80% de los resultados.

· · ·

Debes variar tu entrenamiento para desarrollar fuerza, mejorar tu salud cardiovascular y aumentar tu flexibilidad.

Estos tres aspectos son beneficiosos para mantenerte saludable.

Si tu salud es particularmente mala, como muchos habitantes de oficinas, es posible que desees comenzar simplemente caminando un poco todos los días. Si no estás acostumbrado a hacer mucho ejercicio, eso está bien. Solo empieza por hacer algo pequeño. Si mejoras un poco cada día y sigues practicando, eventualmente te convertirás en una de esas personas saludables que hacen ejercicio.

Además, ten cuidado con tu dieta. Cuando se trabaja desde casa, es realmente fácil entrar en los bocadillos con más frecuencia de lo que podrías de otra manera. Trata de mantener los alimentos poco saludables fuera de tu casa si es posible. Cuando estás estresado por el trabajo, es más fácil evitar el exceso de bocadillos si requieres un viaje a la tienda de comestibles.

. . .

Si bien adoptar una rutina de dieta realmente sólida está lejos del alcance de esta sección (hay miles de libros sobre el tema, y algunos de ellos son incluso buenos), generalmente simplemente evitando muchos carbohidratos y los alimentos muy procesados suele ser suficiente para evitar que tu salud se deteriore rápidamente. Para una más completa discusión sobre cómo arreglar realmente tu dieta para una salud óptima, ve a un profesional.

Evitar el aislamiento a lo largo del tiempo

Uno de los mayores problemas del trabajo a distancia a largo plazo es cómo fácilmente puedes terminar sintiéndote socialmente aislado si no tienes cuidado.

Si bien escucharás comúnmente que trabajar de forma remota puede ser aislado (especialmente cuando se habla con personas a las que no les gusta la idea), realmente no comprenderás cómo el trabajo a distancia puede aislarte hasta que lo hayas experimentado por un tiempo.

Esto es especialmente un problema para las personas que viven en los llamados "comunidades dormitorio" fuera de las principales ciudades donde la mayoría de la gente se desplaza a la oficina. Comunidades como estas se encuentran sorprendentemente vacías durante las horas de trabajo.

Si eres como muchos de nosotros (incluido yo mismo), probablemente has pasado algún tiempo asegurándote de que tu casa sea cómoda y un buen lugar para estar. Si bien este es un objetivo razonable, puede funcionar en tu contra cuando trabajas a distancia, ya que tienes menos razones para salir de casa.

Te sugiero encarecidamente que encuentres una buena razón para salir de casa durante la semana laboral durante al menos algunas horas a la semana.

Si esto significa ir a un gimnasio, ir a almorzar con amigos cercanos o simplemente hacer recados durante el día, es muy importante salir y moverte un poco.

También es una buena idea conectarse con otras personas de la zona que están trabajando a distancia. Intenta salir a almorzar una vez a la semana con otro trabajador a distancia, tanto para obtener alguna interacción social como para construir tu red personal. Recuerda que en algún momento vas a buscar otro trabajo, y es una buena idea conocer a otras personas de la zona que trabajan para empresas que ya permiten el trabajo a distancia.

La primera vez que tuve un trabajo en el que trabajé con la modalidad a distancia la mayor parte del tiempo, no seguí este consejo. En cambio, no salí de la casa excepto para hacer algún recado ocasional el fin de semana. Después de unos meses de esto, comencé a ponerme muy loco y tendía a hablar demasiado cuando hablé con la gente de nuevo.

Si bien no es el fin del mundo si terminas un poco socialmente aislado, definitivamente disfrutarás mucho de la experiencia del trabajo a distancia más si sales e interactúas regularmente con otras personas.

Además, debes de tener el hábito de hablar con tus compañeros de trabajo y otros amigos charlando sobre temas no laborales. El que puedas estar en casa todo el tiempo, no significa que puedes (o deberías) estar completamente enfocado en todo momento.

Las personas en la oficina no están completamente enfocadas en su trabajo en absoluto, por lo que es razonable tener algún tiempo de inactividad cuando trabajas desde casa. Solo asegúrate de que la forma en que te comunicas es apropiada y permites que otras personas respondan sin interrumpir tu propio trabajo.

Además, ten mucho cuidado con la frecuencia con la que te percibes charlando. Mantén las conversaciones lo suficientemente breves para brindarte a ti (y a los demás) un descanso, pero no pases todo el día charlando. Recuerda que ese chat las conversaciones se archivan y visualizan fácilmente por la gerencia incluso si crees que tu jefe no lo verá.

Por último, asegúrate de pasar tiempo con tu familia. Es realmente fácil cuando se trabaja desde casa pasar demasiado tiempo en tu oficina en casa. Si tu familia está en casa durante el día, reserva tiempo para breves conversaciones con ellos. Recuerda que estás trabajando en casa, sin cumplir condena en régimen de aislamiento.

Si bien no deberías ver una película completa con tu cónyuge mientras supuestamente "trabajas desde casa", es completamente razonable hablar durante unos minutos aquí y allá durante el día. Tú puedes ser normal y tener conversaciones normales, pero no olvides que tienes que hacer tu trabajo.

. . .

Manejo de interrupciones en el hogar

Un problema constante cuando se trabaja desde casa es la situación de las interrupciones. Mientras estás en una oficina, esto tiende a ser problema de otra persona, pero en casa tienes que resolverlo tú mismo.

Las interrupciones vienen en varias formas, con las más atroces siendo las más fáciles de tratar y las más sutiles probablemente serán una frustración durante mucho tiempo. Alguna cantidad de interrupción durante el día probablemente sea inevitable en una oficina en casa (al igual que es inevitable en una oficina regular). Hay algunas fuentes comunes de interrupciones en el ambiente del hogar:

- Personas que entran o salen del edificio
- Niños pequeños y bebés llorando
- Fuerte ruido de otros ocupantes
- Ruido fuerte en el exterior, como sopladores de hojas y fuertes conversaciones
- Entregas y vendedores puerta a puerta
- Llamadas telefónicas, incluidos vendedores por teléfono
- Amigos y familiares al azar que se acercan

. . .

Notarás algo acerca de todas estas cosas: no tienes verdadero control sobre cualquiera de ellos. Sin embargo, hay algunas cosas que puedes hacer. Primero, debes asegurarte de que los demás ocupantes de tu vivienda (si son lo suficientemente mayores para entender) tienen una forma de saber que estás intentando trabajar. Puede ser tan simple como cerrar una puerta de la oficina, pero necesitas alguna forma de señalar que necesitas concentrarte y no puedes lidiar con una interrupción.

Esto elimina muchos de los problemas simples y cuando combinado con buenos auriculares con cancelación de ruido, a menudo puedes hacer lejos con la mayoría de las interrupciones. Además, si hay niños pequeños o bebés en tu residencia, debes asegurarte de que tú no seas el cuidador.

Es realmente fácil de tomar "solo un minuto" para cuidar de un niño y terminar perdiendo una hora o más de tiempo de trabajo.

Si bien tu trabajo no es tu único enfoque en la vida, debe ser el enfoque principal durante tus horas de trabajo. Además, si estás intentando trabajar a tiempo completo desde casa mientras cuidas a un niño, probablemente no te vaya muy bien en ninguna de las tareas.

Las llamadas telefónicas también son un problema. En general, mi teléfono está encendido en silencio todo el día mientras trabajo. Compañeros de trabajo saben contactarme utilizando correo electrónico u otros medios.

No permito que los vendedores por teléfono me interrumpan aleatoriamente durante el día. Te sugiero que hagas lo mismo, sobre todo porque el modelo de interrumpir a las personas mientras trabajan para tratar de venderles una garantía extendida del automóvil es realmente mala de todos modos. Si tienes un teléfono celular, probablemente puedas programarlo para que sólo permita que suenen las llamadas de cierta gente.

También tendrás que dejar en claro los anuncios puerta a puerta aleatorios vendedores, familiares y amigos que vengan a ver que estás en el trabajo y no tengo tiempo para charlar. Mucha gente realmente no entiende que el trabajo a distancia sigue siendo trabajo y que están poniendo tu trabajo en peligro con interrupciones. Asegúrate de comunicar esto claramente, y establece buenos límites.

El ruido fuerte del exterior será un problema en ciertos entornos.

·   ·   ·

En barrios suburbanos frondosos, sopladores de hojas y cortadoras de césped son frecuentes irritaciones durante el día, mientras que en las zonas con ambientes más urbanos, el ruido mecánico, ruido de construcción, ruido del tráfico, la música alta y el ruido de los transeúntes pueden irritarte.

Los entornos verdaderamente rurales pueden incluir ruido de equipo pesado y animales. En resumen, no hay ningún lugar al que puedas ir para obtener un silencio total, por lo que tendrás que tomar algunas medidas para lidiar con eso.

En primer lugar, gran parte de este ruido se produce de forma regular. Céspedes a menudo se cortan en ciertos días, la construcción suele ser diaria durante meses, e incluso los gallos comienzan a cantar a horas bastante predecibles. Es posible que simplemente tengas que ajustar tu horario de trabajo para que estés haciendo otra cosa cuando se produzca el ruido.

Por ejemplo, la mayoría de las personas que me rodean y yo utilizamos el mismo servicio de jardinería. Cuando están cortando el césped, voy a una cafetería.

. . .

Es un poco más complicado si hay ruido exterior continuo durante horas de trabajo, sin embargo. Lo máximo que puedes hacer es llevar una computadora portátil al interior de tu residencia, tan lejos del ruido como sea posible, e intentar cubrirlo con ruido de fondo (si puedes encuentra cualquier cosa que no te distraiga).

El caso es que te interrumpirán cuando trabajes desde casa, y sucederá mucho. Necesitas identificar problemas probables y tener un plan para lidiar con ellos como si fuera una planificación para hacer frente a todos los demás puntos de falla.

Problemas interpersonales

También encontrarás que la dinámica interpersonal de tus relaciones importantes cambia mucho cuando trabajas a distancia por primera vez, debido a que la mayoría de las personas no comprenden el trabajo a distancia, pensarán que no estás realmente trabajando.

La realidad es que tendrás que poder trabajar duro y enfocarte en lo que realmente haces si quieres poder trabajar con la modalidad a distancia en un largo plazo. Es poco probable que otras personas comprendan de manera espontánea lo que realmente implica, por lo que tienes que lidiar con problemas recurrentes en torno a esto si deseas que tu transición al trabajo a distancia sea más fácil.

Las siguientes son algunas suposiciones comunes a las que te enfrentarás. A veces, la gente dice estas cosas, pero la mayoría de las veces, las desmientes con tus acciones.

Revisaremos estos y explicaremos qué hacer para contrarrestar este comportamiento de una manera que debería evitar conflicto extenso. Sin embargo, habrá algún que otro conflicto.

Algunas de estas afirmaciones son extremadamente egoístas para la gente que los hacen a la vez que son destructivos para ti personalmente. Como resultado, puedes encontrarte rechazando a otras personas, pero por lo general, puedes hacerlo de una manera que no cree conflicto, y en realidad puedes mejorar algunas de tus relaciones una vez que estableces límites con otras personas.

Una suposición común es que los trabajadores a distancia están disponibles para quehaceres, como el cuidado de niños, cuidado de mascotas o hacer recados, durante el día.

. . .

Los familiares y amigos cercanos a menudo supondrán que, dado que trabajas desde casa, puedes hacer cosas por ellos durante el día. Y en ocasiones, incluso podrías hacerlo.

No obstante, cuando es de forma regular e interrumpe el día laboral, simplemente no puedes permitirlo. Es mejor si señalas desde el principio que no puedes hacer cosas por otras personas muy a menudo durante el día porque realmente estás trabajando y se espera que muestres progreso en tus diversas tareas laborales.

Para la mayoría de las personas, simplemente expresarlo hará que se entienda. Sin embargo, para otros, es posible que tengas que ser un poco más directo. En el último caso, es mejor decirles "no, y dejar de preguntar". También es muy probable, especialmente al principio, que realmente ejecutes recados para miembros de la familia y similares durante el día. Es una cosa pequeña y es parte de ser un buen miembro de tu círculo social.

Donde te metes en problemas es no tener una buena idea de cuándo has dedicado demasiado tiempo a tareas para otras personas. Necesitas averiguar por ti mismo qué cantidad de ayuda puedes darte el lujo de brindar a otras personas y luego asegúrate de que esa línea no se cruce. Por ejemplo, al principio de mi carrera de trabajo a distancia, mi esposa con frecuencia quería que fuera a la tienda durante el día y recogiera las cosas, a menudo con poca antelación.

En ocasiones esto está bien, pero cuando sucede tres o cuatro veces a la semana, comienzan a comerse todo tu tiempo libre. Cuando expresé eso sin estresarme ni exasperarme, fue bastante fácil convencerla de que correr a la tienda todo el tiempo no era sostenible. ¿Había esperado hasta que ya estaba sobrecargado en el trabajo (y en problemas por no hacer lo suficiente)?, probablemente hubiera llevado a un conflicto. Soluciona estos problemas con anticipación y no tendrás que arreglarlos con frecuencia.

Otra cosa común que experimentarás es que otras personas a menudo creen que puedes tomar un descanso en algún momento aleatorio en el medio día sin previo aviso. Ya sea porque se presentan en tu casa sin haber sido invitados o porque te llaman por teléfono (o te envían mensajes en las redes sociales), algunas personas simplemente no tienen un buen sentido de lo que el trabajo a distancia es realmente, especialmente si trabajas en un campo técnico que no entienden. Los administradores de sistemas y los desarrolladores de software a menudo experimentan este tipo de comportamiento desde sus amigos y familia.

Descubrí que la mejor manera de lidiar con esto es simplemente dejar de responder a las personas durante el horario laboral. Probablemente no podrías responderles si estuvieras trabajando en una oficina, por lo que no es irrazonable evitar responder mientras trabajas en casa.

Del mismo modo, si simplemente pasan, se cortés, pero diles que tienes que volver al trabajo. Recuerda que en cada interacción, estás entrenando a las personas con las que interactúas sobre cómo tratarte. En general, ser firme es suficiente para asegurarte de que se respeten los límites y que todavía eres amigo de la otra parte.

Cuando se trata de suposiciones, la gente podría pensar que puedes tomar cuidado de niños pequeños mientras trabajas.

Solo di no.

Es posible que ocasionalmente puedas cambiar un pañal o algo cuando trabajas a distancia, pero no puedes estar disponible para niños pequeños. Simplemente no funciona.

Es posible que puedas tomar cuidado de un niño de 10 años, especialmente si el niño es bastante autosuficiente y respeta el hecho de que necesitas trabajar. Esto puede causar un poco de fricción, especialmente con tu ser querido. Muchas veces, cuando una pareja puede trabajar desde casa, la otra pareja asume que ya no hay necesidad de pagar para el cuidado de niños.

Esto puede dar lugar a discusiones importantes, ya que el cuidado infantil no es barato. Esto es especialmente molesto si terminas tomando un reducción de sueldo (o saltarse un aumento de sueldo) como parte de tu negociación para trabajar a distancia.

Sin embargo, el hecho es que no se puede cuidar eficazmente a los pequeños niños mientras intentan hacer un trabajo real desde casa. Tú tampoco descuides el trabajo o descuidarás a los niños. Dado que tú probablemente no quieras que suceda algo horrible y termines en la cárcel, es casi seguro que descuidarás el trabajo.

· · ·

La forma de manejar esto es señalar cuánto necesitas ser capaz de concentrarte y lo costoso y difícil que será cuando pierdas tu trabajo por falta de rendimiento y de repente tienes que buscar otro trabajo mientras tratas de encontrar una guardería al mismo tiempo hora. Sin embargo, es posible que esto no difunda completamente el argumento.

Tú eres quien va a tener que mantenerse firme en este caso. Sólo recuerda que la otra persona está tratando de hacer lo correcto, pero no comprende las limitaciones bajo las que estás trabajando. Cuando se trata de personas significativas, otra situación extraña podría surgir.

Cuando el empleador de tu pareja se entera de que tú trabajas a distancia, podría asumir que tu pareja ahora puede trabajar más porque "no tienen que llegar a casa tan temprano". Comenzaré diciéndote que tu arreglo de trabajo no es de la incumbencia de otra persona, y mucho menos de la incumbencia del empleador de tu cónyuge. De lo contrario, tu cónyuge debe defender a ambos. Sí, tienen obligaciones en casa y no, no es relevante en absoluto que tu cónyuge esté en la casa.

· · ·

Esto también puede ser algo complicado de negociar, ya que tu cónyuge descubre repentinamente que tienen un conflicto en su trabajo debido a un cambio en el estado de tu trabajo. Sin embargo, es profundamente injusto penalizar a alguien debido a la situación laboral de tu cónyuge.

Además, muchas veces los gerentes no se dan cuenta de lo ridículo que esto suena hasta que se expresa de esa manera. Antes de planear el comenzar a trabajar a distancia de forma regular, puede valer la pena tener una larga conversación con tu cónyuge sobre este tema para que esté preparado también.

Un estribillo frecuentemente escuchado de las masas de ganado de cubículo cautivo es que tienes la suerte de trabajar desde casa. Esto suele ser descartado en cualquier momento en el que tú seas menos que totalmente positivo en tu entorno de trabajo o mencionar que tu trabajo es desafiante.

Es una afirmación muy molesta porque la realidad es que probablemente tuviste que hacer un esfuerzo significativo para poder trabajar a distancia, y sin duda tienes que hacer un gran esfuerzo para mantener ese trabajo a distancia. Puede que hayas tenido la "suerte" de conseguir un jefe a quien le gustó la idea desde el principio. Más allá de eso, todo fue un trabajo duro.

. . .

Probablemente deberías corregir a las personas que dicen esto y hacerlo pronto Y a menudo. Deben darse cuenta de que no es cuestión de suerte. Es una cuestión de planificar con anticipación y demostrar tu valía.

Esta declaración es equivalente a decirle a un fisicoculturista que tienen suerte, cuando la realidad es que se esforzaron, incluso si tenían algunas ventajas genéticas, el esfuerzo no es nada de lo que burlarse.

Cuando tu amigo se da cuenta del esfuerzo que pones para conseguir esta supuesta suerte, señala que pueden hacer exactamente lo mismo. Un montón de veces, este tipo de declaraciones son indicadores de que la gente desea tener lo que haces, pero no saben cómo empezar. Te sentirás mucho menos irritado al escuchar esto todo el tiempo si te das cuenta de lo que realmente piensas.

Cuando te dicen que tienes suerte en respuesta a algunas críticas legítimas de tu entorno de trabajo, asegúrate de que no tomes eso como que no tienes derecho a quejarte. De repente, permitir que las personas trabajen a distancia no exime a una empresa de su deber básico de cuidar a sus empleados. De lo contrario, muchas empresas lo harían.

Es una señal de que estás en el camino correcto y nada más.

Incluso empresas completamente remotas tienen problemas.

También escucharás la afirmación de que cualquier trabajo que puedas hacer desde casa no es un trabajo real, sea lo que sea que eso signifique.

Simplemente ignora a estas personas. Si encuentras tu trabajo significativo y útil para otras personas, tú no necesitas la aprobación de nadie para hacerlo. En verdad, el mero hecho de que estás trabajando a distancia y te pagan por hacerlo pone la mentira esta noción.

Vas a escuchar muchas cosas de personas que están estancadas en ir a una oficina (o peor aún, una tienda minorista) sobre lo fácil que es tu vida. Y tienen razón. El objetivo de todo este ejercicio es de hecho, hacer tu vida más fácil, mejor y más satisfactoria. Las percepciones de los demás realmente no cuentan. No te dejes incitar a tener que defender el hecho de que estás haciendo tu propia vida mejor.

Hasta ahora, hemos visto algunos de los problemas en casa que una buena rutina te puede ayudar. Ahora es el momento de analizar problemas similares con la oficina y tu gente.

Creación de buenos hábitos: oficina, administración y colegas

Aunque hayas comenzado a trabajar desde casa, eso no significa que tratar con la oficina y tus trabajadores es ahora cosa del pasado. La dinámica ha cambiado, pero eso sólo revela que necesitas tener buenos hábitos para poder lidiar con los problemas y situaciones como las siguientes.

Solicitar comentarios

Si bien la retroalimentación y las expectativas interpersonales pueden ser molestas y distraen, hay un tipo de retroalimentación que necesita tener un plan para recibir:

comentarios de tus compañeros de trabajo y administración.

Deberías solicitar comentarios con regularidad para que puedas detectar problemas y corregirlos antes de que se conviertan en un problema real.

Ser proactivo en la recopilación de comentarios es importante para los trabajadores. Para empezar, no estás en la oficina todos los días, por lo que es muy fácil pasar por alto cosas que se están convirtiendo en un problema en la oficina.

El problema se ve agravado por la falta de información a través de interacciones informales en las que puedes prestar atención al lenguaje corporal de otras personas para saber cómo se siente la gente. Incluso si estás en reuniones de video con el resto de tu equipo, puede ser fácil perderse pistas sutiles que habrías recogido si hubieras estado en la oficina. Las personas también tienden a actuar un poco más cuando están en cámara.

Como resultado, debes comunicarte con tu equipo. Diles que te gustaría recibir comentarios sobre cómo le va cuando estás a distancia. Dependiendo del equipo, hay un par de formas diferentes de hacer esto.

Si acabas de empezar a trabajar de forma remota mientras el resto del equipo todavía está en la oficina, puedes considerar simplemente ser directo y preguntar lo que funciona y lo que no. Si lo expresas preguntando creo que el mayor problema es que la gente te lo dirá a menudo. Muchas veces, también ofrecerán sugerencias sobre cómo solucionarlo.

Por otro lado, si estás en un equipo completamente a distancia, esta estrategia resultará un poco extraña. En tu lugar, es posible que debas obtener esta retroalimentación con conversaciones informales. Por ejemplo, podrías preguntar: "¿Cuál es la mejor manera de asegurarse de que sepa que estoy trabajando en el correo electrónico que me acaba de enviar?".

Si el resto de tu equipo está a distancia y está acostumbrado al trabajo medio ambiente, probablemente ya tienen un buen de estrategias para afrontar las idiosincrasias del resto del equipo. Es más fácil tomarlos prestados que inventarlos.

· · ·

Deberías ser más directo con tu gerente cuando solicites consejo. Nunca debes ir a una revisión anual y estar sorprendido por las percepciones de tu jefe sobre tu trabajo. Sin embargo, esto puede suceder fácilmente cuando trabaja desde casa.

Lo que hice en el pasado es simplemente enviar un correo electrónico directamente preguntando qué estoy haciendo bien y qué se puede mejorar. Señalar la gestión que realmente te gusta trabajar desde casa y deseas el proceso para ser mejor para todos, pero que deseas asegurarte que no tienes un punto ciego con respecto a tu desempeño.

Por lo general, si no lo haces con demasiada frecuencia o en un mal momento, puedes obtener muy buenos comentarios.

Incluso si no lo haces, es importante involucrar a tu gerente en este proceso para que se sienta involucrado.

No olvides hacer esto: he tenido sorpresas desagradables en el pasado cuando no lo he hecho bien.

Cuando tienes que ir a la oficina

. . .

Aunque trabajes a distancia de forma habitual, probablemente seguirán habiendo momentos en los que debas ir a la oficina. Si tienes que hacerlo un par de días a la semana o sólo una o dos veces al año, debes tener mucho cuidado con cómo manejas tus visitas al consultorio.

Si bien tu trabajo en casa es muy visible para ti, no es tan visible para la gente de la oficina. Por lo tanto, debes asegurarte de presentarte bien siempre que estés en la oficina.

Hay muchos factores aquí, y necesitas hacerlos bien para que puedas proteger tu capacidad para trabajar a distancia.

Mucha gente no lo hace y crea una mala impresión que les causa problemas más tarde. Analicemos algunas cosas que debes asegurarte de manejar bien las visitas al consultorio.

Primero, debes asegurarte de vestirte bien cuando vayas a la oficina. La gente es excepcionalmente buena para ver patrones (incluso si no hay ninguno). Si te presentas profesionalmente cuando te ven, a menudo supondrán que estás siendo profesional cuando no te ven.

. . .

Si bien esto no te protege si realmente te equivocas, tiene el efecto de evitar que la gente te mire demasiado críticamente. Pensar en él como una especie de camuflaje. No quieres ser diferente de un trabajador en la oficina, porque entonces tus compañeros de trabajo comenzarán buscando otras cosas que no se alineen con ser un gran trabajador.

Además, cuando estés en la oficina, asegúrate de gastar tiempo de calidad con tus compañeros de trabajo, incluido ir a almorzar. Porque el entorno del hogar es aislado, necesitas dedicar más tiempo superando eso. Reparar relaciones, construir nuevas relaciones y asegúrate de tener una buena idea de la situación política en la oficina cuando entras.

Si no lo haces, la política de la oficina te dará una sorpresa desagradable cuando sólo estás tratando de hacer el trabajo en casa. Sea especialmente consciente de nuevos compañeros de trabajo y gerentes: necesitas establecer buenas relaciones de trabajo con ellos también.

Tiempo libre y diligencias

. . .

Cuando trabajes de forma remota, probablemente tendrás que tomarte unos días libres y ocasionalmente lidiar con recados y otras obligaciones durante el día.

Debes asegurarte de que tu equipo esté siempre al tanto de estas cosas, ya que lo último que necesitas es que tu equipo esté esperando por ti mientras bebes margaritas con tu mejor amigo en tu día libre.

Aunque hayas solicitado el tiempo libre con tu gerente, si el gerente no está en la oficina y el equipo no sabe, todavía es un problema para ti.

Recuerda, si trabajas a distancia, no quieres que nadie en la oficina (especialmente una figura de autoridad) piense "esto funcionaría bien si no fuera a distancia". Haz todo lo que puedas para mantener ese pensamiento fuera de sus mentes incluso si ocasionalmente se siente como te estás justificando demasiado ante ellos.

Además, asegúrate de configurar una respuesta automática a tu cliente de correo electrónico (y clientes de chat si es posible) para indicar cuánto tiempo esperas estar fuera de tu oficina en casa y a quién contactar en tu lugar. Hazlo realmente para que tus compañeros de trabajo sepan que no estás trabajando, no quiero que adivinen sobre esto.

Formación

Cuando se trabaja a distancia, también es importante mantener tus habilidades al día. Si bien tu empresa puede tener algunas oportunidades de capacitación en la oficina, muchas empresas no hacen un buen trabajo capacitando a sus empleados a distancia con la última tecnología. Probablemente deberías manejar esto tú mismo.

En términos generales, puedes obtener mucha buena información gratuita utilizando recursos como YouTube y tutoriales gratuitos en línea. Puedes optar también por algunos de los sitios web de formación en vídeo más costosos, pero ten en cuenta que la información de estos sitios suele estar fechada debido a su ciclo de producción más lento.

Trata de dedicar al menos algunas horas de cada semana laboral a aprender cosas nuevas en el tiempo de tu empleador. No deberías estar haciendo esto en tu propio tiempo a menos que estés tratando de llevar tu carrera en una dirección radicalmente diferente.

. . .

Recuerda que aprender nuevas habilidades y técnicas mejorarán tu trabajo para tu empleador y a menudo mejoran tu productividad. Tu empleador debería pagar por eso, no tú.

También es importante tener un programa de entrenamiento realista.

Intenta elegir una tecnología en la que centrarte profundamente cada trimestre, y realmente trabaja en aprenderlo bien.

Es fácil trabajar a distancia para obtener conocimiento superficial de una variedad de plataformas diferentes, especialmente si te resulta interesante aprender cosas nuevas. Evita el aprendizaje amplio pero superficial, ya que se trata de un error profesional que limita tus opciones.

Recuerda que si te gusta trabajar a distancia y deseas hacerlo incluso después de tu trabajo actual, es mejor ser un especialista en una tecnología en particular, en lugar de un generalista. Los especialistas pueden establecer sus propios términos más fácilmente, mientras que los generalistas suelen no poder hacerlo tan fácilmente.

Estructura tu entrenamiento para que no sólo proporciones más valor para tu empleador actual, sino que también desarrolles un conocimiento profundo que el próximo empleador va querer incluso si tiene que soportar que trabajes a distancia.

Y ahora que hemos visto qué tipo de problemas pueden afectar tu trabajo a distancia, relacionado con el hogar y la oficina, y cómo tener buenos hábitos realmente pueden ayudar, es hora de ver cómo puedes desarrollar tu horario ideal. Un horario adecuado para ti y tus necesidades personales es un gran impulso para la productividad y la calidad de vida en general.

5

La Organización De Un
Trabajador A Distancia

UN DÍA EN LA VIDA: construyendo un horario ideal

Cuando trabajas de forma remota, puede resultar tentador simplemente usar tus pijamas y dejarte caer en tu escritorio como lo harías un sábado en la mañana cuando estás jugando con tu tiempo libre. Puedes salirte con la tuya por un tiempo, pero no es un buen hábito.

He conocido a muy pocas personas cuya disciplina laboral fuera sólida cuando estaban vestidos para dormir y con el pelo levantado. Mientras tú deberías haber tomado medidas para asegurarte de que el trabajo no se filtre en tu vida hogareña y cause problemas, debes hacer lo mismo para asegurarte de que la vida hogareña no se filtre en tu trabajo.

· · ·

Todo el mundo tiene una rutina ideal diferente cuando trabaja de forma remota. Antes de que veamos cómo descubrir el tuyo, te mostraré lo que hago yo porque considero que aunque el mío funciona bastante bien para mí, pero siempre estoy experimentando.

Me despierto a las 5:30 de la mañana la mayoría de los días y tomo el café de olla programada para tener un nuevo lote de café listo a las 6. Durante los primeros 30 minutos, tengo tiempo para asearme, vestirme, pasear a los perros y hacer mi planificación diaria. Una vez que comienza la cafetera, normalmente estoy en la cocina practicando el idioma ruso.

Solía hacer esto en el auto, y después la cocina era el mejor lugar para incluirla en mi horario una vez que comencé a trabajar en modalidad a distancia.

Una vez hecho el café, me sirvo una taza y me dirijo hacia la oficina. Termino mi práctica de ruso a las 6:35 más o menos. Después de eso, me registro en el trabajo, reviso mi correo electrónico y comienzo a enviar correos electrónicos con cualquier pregunta que tenga. Luego envío un mensaje para comprobar los pendientes con mi jefe de proyecto y compañeros de trabajo.

En este punto, tengo un poco más de una hora para manejar tareas de trabajo más pequeñas mientras tomo café. A las 7:45, salgo y llevo a mi hija a la parada de autobús, regresando a mi escritorio alrededor de las 8:05. Cuando regreso, obtengo otra (generalmente la tercera) taza de café y vuelvo a iniciar sesión.

La primera hora del día es preparación para lo que viene después. Durante tres horas después de regresar a mi escritorio, pongo mi música en alto y trabajar en ráfagas cortas y extremadamente concentradas, tomando descansos cortos sólo para usar el baño y tomar más café.

A las 11 o poco después, me desconecto durante una hora. Durante la hora en que me desconecto, trabajo en mis propios proyectos personales y almuerzo. Por lo general, se trata de redactar esquemas de podcasts o contenido para libros (esta sección se escribió durante el almuerzo).

Cuando ya ha pasado la hora, vuelvo a mi escritorio, reviso brevemente mi correo electrónico y vuelvo a consultar con mi equipo, luego trato de obtener otras tres horas de extrema concentración. Una vez hecho esto, son un poco más de las 3 y, por lo general, estoy bastante cansado.

Durante la próxima hora, me ocupo de tareas más pequeñas y menos difíciles, y trato de adelantarme a cualquier cosa que pueda ser un problema en los próximos días.

Justo después de las 4, terminé aproximadamente el día y me despido.

Sin embargo, me quedo en la computadora, generalmente trabajando en mis propias cosas, pero manteniendo mi correo electrónico y chat abiertos en caso de que alguien me necesite. A las 4:45, mi hija regresa a casa y me desconecto del trabajo enteramente. Después de ese momento, no respondo a los correos electrónicos ni a los mensajes de chat a menos que sea una emergencia.

Una vez que mi hija está en casa, tiendo a levantar pesas en mi gimnasio en casa o subir un poco las escaleras para manejar varias tareas del hogar. Después de que me asegure de que haya comenzado su tarea y haya comido un refrigerio, tiendo a volver a mi propio trabajo manteniendo la puerta abierta en caso de que necesite algo.

A las 6, mi esposa regresa a casa y comienza el verdadero tiempo familiar. Mi tiempo es bastante desestructurado en este punto y tiende a alternar entre trabajar en mis propias tareas, jugar juegos y ocasionalmente un poco de TV. A las 8:30, estoy desconectando y programando la cafetera para mañana. Paso otros 30-45 minutos practicando ruso, y luego leer hasta que me canse. Normalmente salgo a las 9:30.

Mi rutina es ideal para mí porque paso tiempo todos los días en mis principales prioridades. Además del trabajo, normalmente trabajo en uno o más proyectos de redacción, a menudo tengo proyectos de programación de consultoría, y tengo un podcast (que también requiere muchas escritura e investigación).

Cada día he dedicado tiempo a estas cosas, y he barajado mi horario para llevar a cabo estas tareas (y mi trabajo) de una manera que me permite encajar todo. Podrías mirar esto y pensar: "Espera un minuto, él solo está centrado en sus tareas laborales durante seis horas al día ". Eso es completamente cierto. Las otras dos horas de trabajo son para tareas administrativas y para asegurarme de que la siguiente parte de mis tareas esté alineada.

Probablemente tengas una distribución similar del trabajo (o peor) durante tu día laboral normal, pero no asignes explícitamente el tiempo. Por definir explícitamente mi "tiempo de administración" y mi tiempo "cabeza abajo, trabajando", puedo mantener un nivel apropiado de concentración para ambos.

También evito quemarme y agotarme por completo al hacer seguro no trabajar más de tres horas seguidas en un modo enfocado.

También descubrí que era fundamental tener distintos períodos de tiempo durante el día en los que trabajo en mis propias cosas, ya que no planeo ser un empleado asalariado por el resto de mi vida.

Lo que hago durante el almuerzo y después del trabajo lo refleja. Gasto un poco de tiempo todos los días trabajando por una vida en la que soy mi propio jefe. Del mismo modo, también he priorizado mucho el aprendizaje de una lengua extranjera porque coincide con otros objetivos estratégicos que tengo, al que también le dedico tiempo todos los días.

Ahora que he entrado en detalles sobre el cronograma que he creado yo mismo, voy a molestarte diciéndote que no lo copies de manera idéntica.

Construí este horario basado en mi propia experiencia y cuidadosamente después de establecer metas, tomar notas detalladas sobre mi nivel de energía y productividad durante el día, y considerando los requisitos fijos de mi horario (como el tiempo que mi hija necesita para irse y la hora en que regresa).

Hay casi un 100% de posibilidades de que mi horario no sea el ideal para ti. Sin embargo, nunca temas, ya que puedes hacer lo mismo que yo y construir un horario muy viable para ti utilizando el enfoque que trabajé para mí.

Hay cinco fases en el proceso de construcción de un control a distancia para lograr un "perfecto" horario de trabajo. Ten en cuenta que en cualquier horario el diseño será bastante efímero; cualquier pequeño cambio hará que tengas que volver a trabajarlo si deseas lograr tus objetivos en el plazo más largo.

. . .

Tu objetivo al crear un horario ideal es aprovechar al máximo el uso efectivo de tu enfoque y tiempo y el uso interno de tu reloj biológico para tu mejor ventaja. Con ese fin, necesitarás recopilar datos sobre lo siguiente y ajustar continuamente hasta que obtengas algo que funcione bien.

Estas son las fases por las que atravesarás:

Determinarás tu cronotipo. Tu cronotipo simplemente te dice cuando tu tiempo de trabajo sea más efectivo. Mientras que probablemente creo que ya sabes lo que es esto, tus hábitos de la noche anterior y muchos otros factores pueden jugar un papel muy importante en esto. Puede valer la pena alterar tu rutina nocturna para que puedas aprovechar más eficazmente tu cronotipo para obtener la máxima eficiencia durante el día.

Enumera tus metas para los próximos seis meses. Que estas no sólo sean tus metas laborales sino también tus metas personales. Éstas incluyen cosas como dieta y ejercicio.

Recogerás datos sobre tu estado de ánimo y eficiencia durante el día, tratando de tener una idea de cómo tus niveles de energía y enfoque personales para determinadas tareas varían. Recopilarás estos datos sin dejar de notar tu ingesta de cafeína y alimentos porque son muy importantes.

Tomarás nota de los eventos fijos durante el día que afectan tu horario y no se pueden evitar. Esto también incluye interacciones con tu familia, amigos y círculo social, ya que no son "opcionales" si deseas que el trabajo a distancia sea una parte sostenible de una vida saludable.

Luego, construirás un horario de trabajo de "semana ideal" que te permita trabajar en tus metas durante la semana en el mejor momento de tu nivel de energía. Después de realizar estas tareas, estarás bien encaminado a una mejor productividad mientras trabajas desde casa. Mientras puedas, intenta simplificar el proceso (lo hice inicialmente), si realmente quieres mantener un rendimiento óptimo, tendrás que hacer algunos trabajos extra para que esto suceda.

Veamos ahora más de cerca cada uno de estos cinco elementos.

Tu cronotipo

. . .

Casi todos hemos llegado a la conclusión de que somos una persona matutina o un noctámbulo. Algunos de nosotros incluso tenemos razón al respecto en ocasiones. Sin embargo, es muy fácil equivocarse sobre si eres realmente una persona mañanera o no, simplemente porque la mayoría de nosotros realmente no lo probamos.

Si crees que no eres una persona mañanera (o si crees que lo eres, para el caso), recuerda cuando decidiste esto. ¿Tuviste que decidirlo porque odiabas levantarte por la mañana a la escuela o la escuela secundaria después de que te quedaste despierto hasta muy tarde viendo la televisión? Por el contrario, ¿decidiste que eras una persona mañanera porque en algún momento te acostumbraste a levantarte temprano y tomar media taza de café antes del almuerzo?

Si alguna de esas cosas te suena familiar, en realidad no sabes qué cronotipo eres. Claro, puede que tengas una buena suposición, e incluso podría ser correcta. Sin embargo, si realmente haces algunas pruebas, también podrías encontrar que obtienes un resultado que no esperabas.

He observado a varias personas que pasan por este proceso, seguras de que no son "una persona mañanera", sólo para descubrir que en realidad son extremadamente productivos por las mañanas pero carecen de disciplina para irse a la cama lo suficientemente temprano como para que importe.

He visto a otros que pensaban que eran gente mañanera, solo para descubrir que eran realmente más eficaces por las tardes y noches: habían pasado años levantándose temprano porque se "suponía" que así era mejor. En cualquier caso, estas personas se están perdiendo sobre mejoras significativas en su productividad y un mejor uso de su tiempo.

Para empezar, tómate un par de días y trata de vivir como si fueras un cronotipo diferente. Por ejemplo, si crees que es una persona de mañana, intenta irte a la cama más tarde, levantarte más tarde y trabajar en la tarde.

Del mismo modo, si no crees que seas una persona mañanera, intenta ir a acostarte antes durante unos días y trabajar a primera hora de la mañana. Probablemente tendrás que hacer esto durante unos días, pero seguro que te hará aprender algo interesante.

Cuando era joven, no pensaba que fuera una persona mañanera. Incluso aunque crecí en un entorno rural y tuve que levantarme muy temprano, todavía no notaba realmente que mis niveles de energía eran mejores a primera hora de la mañana que por la noche.

Esto se debió en parte a que estaba haciendo mucho trabajo manual y en parte porque me quedaba despierto hasta muy tarde jugando videojuegos la mayoría de las noches. Como resultado, durante mis primeros años de adulto, estaba convencido de que no era una persona mañanera.

Todo eso cambió cuando uno de mis trabajos básicamente me obligó a levantarme y comenzar el día temprano debido al trabajo con contratistas extranjeros. Aprendí que no sólo podía levantarme temprano, sino que mi productividad era mucho mayor antes de las 9 de la mañana que a las en cualquier momento después.

Experimenta durante un par de días y prueba tus suposiciones sobre a qué hora del día tienes más energía. Podrías resultar sorprendido. Asegúrate de asignar tiempo para dormir lo suficiente cuando hagas esto; tus resultados no serán informativos si no lo haces. Esto puede parecer una pérdida de tiempo, pero valdrá la pena a la larga, especialmente si te enteras de que te has equivocado.

. . .

Tus metas

Ahora que tienes una idea aproximada de tu cronotipo, vuelve a tu horario normal. Mientras debes arreglar tu horario eventualmente, querrás asegurarte de que cualquier cambio a largo plazo que hagas es a la vez poco estresante y extremadamente exitoso. Esto hará más fácil hacer que los cambios se mantengan con el tiempo.

En este punto, debes comenzar a planificar un poco con respecto a tus objetivos a largo plazo. Trabajar de forma remota está bien, pero los objetivos reales son mejorar tu calidad de vida, permitirte lograr cosas que de otra manera no harías, y reducir tu nivel general de estrés. Por lo tanto, es un buen momento para tomarte un minuto y comenzar a hacer planes a más largo plazo.

Hay tres áreas principales que probablemente deberías considerar:
- Salud física y mental
- Metas de crecimiento profesional
- Metas familiares y de relación

Todas estas son áreas que tiendes a sufrir cuando estás atrapado en una oficina tanto por el medio ambiente como por la enorme cantidad de tiempo que pierdes en el tráfico. Una vez que eres trabajador a distancia, tienes la oportunidad de empezar a arreglar algunas cosas que se dañaron al ser forzadas al entrar en una oficina.

Analicemos estas áreas un poco más para que puedas comprender cómo el entrar a una oficina podría haber creado problemas que nunca consideraste.

Tu salud física y mental podría haber sufrido. ¿Estás más pesado ahora que cuando empezaste a trabajar? ¿Cómo te sientes sobre correr una milla ahora en comparación con cuando empezaste a trabajar?

¿Comes más comida chatarra ahora de lo que solías comer? ¿Cómo está tu sueño? ¿Estás cansado todo el tiempo? ¿Eres miserable en tu carrera?

El crecimiento de tu carrera también puede verse perjudicado por estar en una oficina, especialmente si quieres una carrera diferente a lo que estás actualmente haciendo.

¿Quieres capacitarte en algo pero sospechas que la gerencia reaccionará mal a la sugerencia? ¿Has evitado aprender algo que querías aprender porque sabes que tendrás que usar tu tiempo personal para hacerlo? ¿Te sientes cómodo preguntándole a tu gerente por la capacitación que algún día podría ponerlo en una posición para reemplazarlo? Si alguna de estas preguntas te da vergüenza, vale la pena abordarlas cuando empieces a trabajar desde casa.

La salud de tu familia y otras relaciones también puede ser dañada por trabajar en una oficina. ¿Cuándo fue la última vez que pudiste almorzar con tu mejor amigo (o tu cónyuge) durante la semana? ¿Cuándo fue la última vez que tuviste que decirle a tu cónyuge, hijo o amigo que no pudiste asistir a algo que era importante para ellos porque tuviste que trabajar?

Peor aún, ¿cuándo fue la última vez que te tomaste un descanso del trabajo para hacer algo importante con una de estas personas, sólo para estar estresado porque faltabas al trabajo? ¿Alguna vez tus hijos dijeron "creo que papá / mamá trabaja demasiado"? ¿Tienes padres ancianos que sólo puedes ver una vez en una luna azul porque viajar tiene que adaptarse al trabajo?

Me doy cuenta de que las preguntas anteriores probablemente sean extremadamente incómodas de preguntar. Sin embargo, el hecho es que estas áreas importantes de la vida pueden mejorarse para la mayoría de las personas. La buena noticia es que si eres capaz de trabajar de forma remota de forma regular, te encuentras en una mejor posición que la mayoría de la gente para arreglar estas áreas de tu vida.

Sin embargo, hay una mala noticia: sólo puedo aconsejarte sobre generalidades, y tendrás que trabajar en los detalles para ti mismo en función de tu propia situación. Además, dependiendo de qué tan complicadas son algunas áreas de tu vida, puede valer la pena ver a un profesional para obtener ayuda. Pero puedo ofrecerte algunas directrices generales.

Para la salud física, hay tres factores principales a considerar: qué comes, con qué frecuencia haces ejercicio y qué tan bien duermes. Para una salud mental óptima, es necesario cuidar tu salud física, así como considerar algunas otras cosas.

En particular, debes asegurarte de obtener una oportunidad de desconectarte del trabajo y participar en actividades que encuentres significativo. También debes asegurarte de tener los límites en tus relaciones interpersonales y que tú manejes el estrés de una manera saludable.

. . .

Para el crecimiento profesional, hay algunas cuestiones a considerar. Primero y sobre todo, ¿estás siendo eficaz en el trabajo? En segundo lugar, ¿estás realmente feliz haciendo lo que estás haciendo, y si no, qué te haría feliz haciendo en su lugar? ¿Cuáles son tus metas en 5, 10 y 20 años a partir de ahora, y qué puedes hacer ahora mismo para empezar a moverte hacia esas metas? ¿Qué habilidades y conocimientos necesitas adquirir para tu próximo paso?

En cuanto a las metas familiares y de relación, ¿tienes suficiente tiempo para tu cónyuge o pareja para tener una relación significativa? Si no es así, ¿cómo sería una situación así? ¿Qué hay de tus hijos si tienes alguno? ¿Podría tu vida ser mejor si pasas más tiempo con ellos, les permites ser participar en más actividades después de la escuela, o simplemente ayudarlos a obtener una comprensión más profunda de su trabajo escolar? ¿Qué hay de tus amigos cercanos? ¿Y si pudieras pasar más tiempo con ellos?

Es difícil entrar en detalles con estos problemas porque todas las vidas son diferentes, y todos tienen diferentes áreas que necesitan mejorar.

Además, dar consejos es difícil porque a veces es más allá del sueldo de alguien que no es un profesional.

· · ·

En pocas palabras, probablemente no deberías seguir los consejos de desconocidos en internet sobre estas cosas. En cambio, lo que sugiero viene con un sólo objetivo para una de las tres áreas enumeradas anteriormente y luego planificar cómo mejorarlo en los próximos tres meses.

Si bien puedes asumir varios objetivos a la vez, mejorarán tus resultados al arreglar primero un área irritante pero fácil de tu vida y luego ver cómo eso cambia las cosas. A menudo encontrarás, por ejemplo, que una gran cantidad de estrés laboral desaparece cuando tus relaciones son más saludables, o viceversa. Toma un sólo objetivo o punto propio y síguelo.

Así que comencemos con un sólo objetivo. Ya que (probablemente) no te conozco personalmente, tomaremos un área que ha sido una lucha para mí y trata de encontrar una forma de mejorar la situación.

Mi mayor problema en este momento es la frecuencia con la que termino comiendo cosas que no son óptimas para mi salud. Tengo algo de sensibilidad con la comida que puede ser un dolor real, y tiendo a comer demasiados carbohidratos cuando estoy estresado.

Además, estas sensibilidades alimentarias crean un estrés adicional en mi vida porque tienden a revolverme el estómago y hacerme sentir amal en general. Evito los detalles por cortesía hacia la audiencia, pero sospecho que te lo puedes imaginar.

Para solucionar este problema, lo que tengo que hacer es asegurarme de que hay opciones de disponibles y fáciles para mí. Esto tiende a significar que yo necesito pasar una buena cantidad de tiempo cada fin de semana en la preparación de la comida.

Hay cuatro componentes principales que se requieren para asegurarte de poder corregir un problema con tu vida. Estos son los siguientes:

Hábitos diarios y semanales. Debes abordar el problema de una manera lo suficientemente regular como para que el proceso se desvanezca en el fondo de tu vida. Si bien no me importa cocinar a granel durante la semana (yo realmente lo encuentro relajante), no le encuentro un significado profundo.

Es algo que debe hacerse, hacerse bien y hacerse consistentemente en beneficio de las cosas que considero significativas.

. . .

En este caso, me di cuenta de que necesito preparar alimentos a granel los domingos por la tarde (hábito semanal) y que necesito poner comida en el refrigerador para descongelar todas las mañanas para que esté listo a tiempo para cocinar la cena (hábito diario).

También hay otra suposición oculta aquí, y es que yo tendré los suministros a mano que necesito antes de empezar a cocinar el domingo. Esto significa otro hábito semanal de obtener una lista de compras juntos e ir a recogerlo todo (hago esto los sábados). Eliminación de obstáculos. También debes asegurarte de que no estás dañando tu progreso hacia tu meta. Esto significa deshacerse de las cosas que pueden causar un problema.

Para mí, con la dieta, esto significó que dejé de comprar sal y bocadillos cargados de carbohidratos para mí. En cambio, busqué bocadillos de esos que no me causan problemas.

Esencialmente, en lugar de almacenar papas fritas, galletas, helado y comida en alto contenido de carbohidratos del desayuno (como pan dulce), ahora me aseguro de tener un suministro de nueces mixtas, cecina de res, huevos en escabeche, sardinas y me gusta.

. . .

Por lo general, no necesito muchos bocadillos, pero mantenerlos a la mano hace que sea más fácil comer algo que no cause problemas para mí.

Herramientas. Puedes encontrar que necesitas gastar un poco de dinero en hacer más fácil para ti arreglar un mal hábito. En mi caso, la compra de un sellador al vacío y una olla a presión hicieron que cocinar a granel sea mucho más fácil y rápido.

Deberías dedicar un tiempo a pensar en cómo puedes hacer que tu hábito deseado cambie más fácilmente: no obtienes puntos de bonificación por hacer esto más difícil, así que no lo hagas.

El bucle de retroalimentación. Debes realizar un seguimiento de lo que estás haciendo y supervisar cuidadosamente los resultados. Los hábitos ineficaces son más que inútiles porque desaniman y hacen perder el tiempo. Necesitas recopilar todos los datos que puedas para asegurarte de que se dirige a la dirección correcta.

En mi caso, me di cuenta de que la frecuencia de los problemas estomacales era más baja, y ahorré un montón de dinero en comida chatarra. El punto del ciclo de retroalimentación no es necesariamente para asegurarte de que estás cumpliendo con tu hábito (aunque eso ayuda).

Más bien, es para asegurarte de que realmente estás mejorando tu calidad de vida. Esto facilita la justificación del mantenimiento del hábito durante el tiempo suficiente para que se convierta en algo en lo que no gastas una tonelada de tiempo y atención.

Con algunos objetivos en la mano, estamos listos para comenzar la siguiente fase del viaje, que es el proceso de recopilación de datos para que puedas tomar decisiones más informadas.

Recopilación de datos

Ahora es el momento de recopilar algunos datos de referencia para ver qué se puede mejorar. Si bien los datos iniciales que recopilé serán bastante extensos, generalmente puedes deshacerse de la mayor parte en un período bastante corto de tiempo.

Los problemas importantes aparecen muy rápidamente si prestas atención. Inicialmente, sugiero hacer una sola semana de seguimiento en Excel usando múltiples hojas de trabajo. Deberías intentar escribir una entrada cada dos horas que estás despierto en una hoja de cálculo.

La columna más a la izquierda debe ser el día de la semana, con el siguiente la columna de la derecha es el bloque de la hora. Por ejemplo, si te levantas a las 5 de la mañana, luego tendrías una fila para 5-7, 7-9, etc. cada fila, después de que se indique la hora, realiza un seguimiento de los siguientes elementos:

- ¿Qué, si acaso, comiste?
- Qué hiciste durante ese bloque de tiempo
- Con quién interactuaste durante ese bloque de tiempo y cómo
- Cualquier sensación física relevante (hambre, dolor de cabeza, nerviosismo, etc.)
- Cualquier actividad física que hiciste

Después de eso, califica lo siguiente en una escala del 1 al 10 (siendo 10 el mejor) en términos de cómo te sentiste emocionalmente durante este período en las siguientes áreas:

- Tu nivel de fatiga
- Tu nivel de concentración
- Tu nivel de ansiedad
- Tu nivel de irritación
- Tu nivel de optimismo

Agregue una celda en blanco después de eso para cualquier comentario, y luego configura recordatorios de calendario recurrentes en el calendario de tu elección para completar esta información cada dos horas que estés despierto durante una semana.

Sí, esto es cansado y es mucho trabajo, pero es importante recopilar esta información tan bien como puedas para que logres profundizar en ella. Podrás deshacerte de la hoja de cálculo después de la primera semana, así que no te preocupes si esto parece mucho trabajo. Es algo a corto plazo.

En otra hoja del mismo libro, haga una entrada para cada día y realiza un seguimiento de lo que está a continuación:

- Cuándo despertaste y cómo te sentiste al despertar
- Lo que comiste durante el día
- La cantidad de alcohol que consumiste y las cantidades (y tiempo de consumo) de cualquier otra sustancia que pueda
haber alterado tu estado mental (esto incluye café, jarabe para la tos y medicamentos, ya sean recetados o no)
- Tu nivel de estrés financiero
- Lo que planeas hacer ese día
- A qué hora te acostaste y qué hiciste antes de quedarte dormido.
- También ten en cuenta cuánto tiempo tardaste en

conciliar el sueño.

• Cualquier entrenamiento u otro ejercicio (incluso si no es ejercicio tradicional como trabajo pesado en el jardín)

• Si te despertaste durante la noche

• Cualquier síntoma físico que estuvieras experimentando (dolor de cabeza, dolor de estómago o alergias, por ejemplo)

Con estos datos en la mano después de una semana, los patrones deberían comenzar a mostrarse por sí mismos.

Por ejemplo, probablemente encontrarás que consumes más cafeína (y más comida en general) después de una noche de mal sueño.

Del mismo modo, puedes encontrar que el alcohol y la televisión antes de dormir dan como resultado un sueño peor y al día siguiente peor. Del mismo modo, puedes descubrir (como yo) que cuando escribes mucho durante el día, de hecho, tienes un día más agradable en general. También puedes encontrar que te sientes extremadamente agotado e improductivo (o inspirado) después de interactuar con ciertas personas.

. . .

No analices en exceso los datos una vez que los hayas recopilado. Esto no es suficiente información para comprender las tendencias generales en tu calidad de vida. Más bien, es un ejercicio para determinar las cosas que hacen que tu vida se demuestre algo peor o mejor. Presta especial atención a cualquier cosa que puede estar relacionada con el objetivo que elegiste en la sección anterior.

Por ejemplo, cuando hice este ejercicio por mí mismo, noté que quedarme despierto hasta tarde (o beber alcohol) antes de acostarme tendía a causarme malestar al día siguiente.

Esto fue cierto por tan solo un vaso de cerveza o acostarse solo una hora más tarde de lo normal, al día siguiente, tendía a consumir muchas más cafeína mientras gastaba todo el día luchando contra mi fatiga. También me irritaba más fácilmente y comía más comida chatarra.

Luego, a la noche siguiente, después de toda esa cafeína y frustración, tendía a tener dificultades para conciliar el sueño (y mantenerse). Encima de eso, descubrí que jugaba videojuegos con más frecuencia, veía más TV, y también tendía a saltarme los entrenamientos.

. . .

La primera vez que hice este ejercicio, aprendí que probablemente no debería beber alcohol durante la semana, que debería irme a la cama tan temprano que pueda, y que debería moderar mi consumo de café si no dormí bien la noche anterior.

Es posible que encuentres patrones de comportamiento en tus propios datos también. Una vez que tengas estos datos en la mano, sugiero que continúes escribiendo en tu diario.

Sin embargo, no es necesario que seas tan minucioso. En cambio, todos los días, simplemente realiza un seguimiento de tres cosas.

Primero, lleva un registro de las cosas positivas que sucedieron ese día junto con las cosas que hiciste.

En segundo lugar, realiza un seguimiento de cosas negativas que ocurrieron (o cosas que necesitan mejorar). Finalmente, escribe una lista razonable de objetivos para el día siguiente.

Llevar un diario como este te dará mucha información útil a medida que continúes tu viaje sin requerir una exorbitante cantidad de tiempo. Como beneficio adicional, esta práctica también te brinda una lista conveniente de logros en caso de que necesites una más adelante (por ejemplo, en tu revisión anual en el trabajo).

Con el tiempo, es posible que incluso descubras que puedes salirse con la tuya con el seguimiento de esta información durante un período semanal o mensual. He mantenido mi diario mensual.

El verdadero punto de este tipo de seguimiento es que periódicamente obtendrás una pista de que hay cosas que puedes mejorar de la forma en que abordes tu trabajo. Si llevas un diario, por simplista que sea, ya tendrás mucha información a mano para ayudar a aclarar si tu idea es buena o no.

Paso de 5 a 10 minutos una vez al mes escribiendo en un diario acerca de cómo fue el mes anterior, y ha sido una de las más poderosas herramientas de auto-mejoramiento de bajo mantenimiento que tengo.

Arreglar tu horario para siempre

Cuando trabajas desde casa, es fácil perder accidental-mente una reunión u otro evento laboral donde es probable que tu ausencia sea notada. Dado que ya no estás en una oficina con otros empleados que se pondrán de pie y caminarán a la sala de conferencias para una reunión, querrás asegurarte de tener una buena forma de realizar un seguimiento de las reuniones, citas y similares.

También debes realizar un seguimiento de los elementos fijos en tu horario aquí incluso si crees que podrás recordarlos. Puede ser útil, especialmente cuando estás atascado en una llamada, para recibir un recordatorio que el autobús de tu hijo debería dejarlos en los próximos 20 minutos, que es necesario llevar el bote de basura a la calle, o que es hora de tu clase de yoga.

También es útil incluir recordatorios de cosas que deben hacerse en un día en particular, incluido el seguimiento con otras personas.

La organización adecuada de tu horario es simple. Meter todo en tu calendario para que tu computadora (o teléfono) pueda recordártelo. Hay una enorme cantidad de sobrecarga mental involucrada en tratar de recordar estas cosas, y realmente no es necesario.

Tiendo a usar el calendario de Google para mi calendario personal, de modo que puedes agregar calendarios adicionales para cualquier proyecto que involucre a otras personas. Poder compartir calendarios es útil en ciertos casos, pero no me gusta compartir mi calendario completo (no es de la incumbencia de nadie más).

Google Calendar también me permite alternar qué calendarios están visibles para mí cuando miro la interfaz, lo que facilita la creación de calendarios especulativos con fines de planificación, pero también para mantenerlos invisibles cuando no están en uso.

También es útil para tu cónyuge u otros miembros de la familia compartir tu calendario contigo, ya que facilita ver qué obligaciones tienen otras personas en tu hogar. Esto puede ayudar a evitar situaciones en las que tú y tu pareja programan citas y no están allí cuando el autobús deja a tus hijos, por ejemplo.

Si aún no has internalizado el hábito, es un buen momento para comenzar a poner cosas en tu calendario para realizar un seguimiento de los eventos fijos y recurrentes para que puedas ver rápidamente los eventos de un día determinado y averiguar cuáles son tus verdaderos compromisos. Cosas como los chequeos médicos anuales, los parientes ancianos que vienen a la ciudad o la próxima cita con el veterinario es fácil de olvidar.

Recuerda, tu jefe espera que seas productivo cuando trabajas desde casa, y probablemente no van a formar una buena impresión si constantemente no cumples con sus expectativas porque te olvidaste.

Del mismo modo, cuando se trabaja de forma remota, es una buena idea contarle a gestión cuando planeas estar bien lejos de la casa antes de salir. Ser proactivo al respecto ayuda a evitar situaciones en las que tu gerente está tratando desesperadamente de comunicarse con tú teléfono (mientras maldice el hecho de que no estás en la oficina).

Ignora este consejo bajo tu responsabilidad. Si bien no todo se puede planificar con anticipación y comunicado a la gerencia (si es necesario), la gerencia a menudo puede darte el beneficio de la duda si creen que estás bien organizado.

Necesitas cultivar y proteger esa reputación tanto como sea posible, y mantener tus compromisos en tu calendario te ayudará a hacer eso.

Tu semana ideal

. . .

Ahora que tienes algunos de los elementos fijos en tu horario enumerados en tu calendario, es un buen momento para empezar a pensar en lo que una semana ideal sería para ti.

Si bien la mayoría de las veces no experimentarás una semana ideal en realidad, si planeas bien, a menudo puedes acercarte bastante. La idea no es que esto sea un horario fijo, sino más bien para que hagas una lluvia de ideas sobre cuándo puedes hacer tu trabajo más eficaz en varias áreas.

Esto te ayudará en el sentido del día a día a medida que planificas cuándo vas a trabajar en varias tareas durante el día. También hará que te resulte más fácil evitar situaciones en las que intentes trabajar cuando no estés en un estado mental que lo haga más fácil.

Por ejemplo, cuando viajaba regularmente a la oficina, aprendí rápidamente que tratar de hacer un desarrollo de software desafiante trabajar entre la 1 y las 3 de la tarde probablemente no fue una buena idea. No sólo estaba normalmente cansado durante esa parte del día, sino que también tendía a ser un período de tiempo con muchas otras interrupciones.

. . .

También era un poco tarde para intentar verter café en mi sistema en un vano esfuerzo por concentrarme.

En cambio, aprendí a usar ese período de tiempo para cosas como documentación, redacción de pruebas unitarias, pruebas código, revisión de solicitudes de extracción y otras tareas que (generalmente) no son tan intensivas como algunos de los desarrollos más difíciles de trabajo que tuve.

Cuando conscientemente tomé el control de mi horario y comencé a programar mi trabajo para cuando estuviera en un mejor estado mental para hacerlo, mi productividad se disparó mientras que la cantidad de horas que tenía que el trabajo realmente disminuyó.

Para diseñar tu calendario ideal, asegúrate de tener tus notas del ejercicio de recopilación de datos anterior. Haz una nueva separación del calendario de tus calendarios principales en la herramienta que elijas (utiliza el calendario de Google para esto).

Primero, bloquea los tiempos para dormir y hazlos recurrentes. También reserva horarios para tus comidas y haz lo mismo. A continuación, bloquea tiempo para las obligaciones recurrentes que tengas. Por ejemplo, si estás tomando una clase después del trabajo, asigna tiempo y hazlo periódico. También asegúrate de dedicar tiempo para el ejercicio regular, meditación, y cualquier otra cosa que hagas para tratar de mantenerte cuerdo y sano.

Esto es al revés de la forma en que la mayoría de la gente trabaja sus horarios. Sin embargo, si deseas tener un control sostenible de tu trabajo a distancia, tienes que poner tus necesidades no laborales primero, y luego ajustar tu trabajo alrededor de esos.

Si lo haces al revés, es muy fácil descuidar tus propias necesidades, por lo que debemos empezar por asegurarnos de que nuestras necesidades se satisfacen primero. Tu trabajo eventualmente se verá afectado si no te cuidas, cuidarte te convertirá en un mejor trabajador.

Ahora que tienes todas esas cosas están registradas en tu calendario, bloquearás la hora de trabajar. Sin embargo, en lugar de simplemente hacer un bloque titulado "Trabajar" y seguir adelante, debes dedicar tiempo a tus ocupaciones del trabajo principal. Estas varían según la profesión, y probablemente encontrarás que cambian con el tiempo. Por ejemplo, aquí está el conjunto de principales actividades que tuve en un trabajo anterior:

- Programación
- Asesoramiento a desarrolladores junior
- Arquitectura y diseño del sistema
- Pruebas de software
- Redacción de documentación

Cuando hice el ejercicio de recopilación de datos descrito anteriormente, descubrí algunas cosas. En primer lugar, mis momentos óptimos para escribir.

El código y los sistemas de diseño estaban entre 6 y 10 de la mañana y pasadas las 4 de la tarde. Las otras actividades fueron una parte necesaria de mi trabajo pero no eran las cosas principales que la gestión valoraba. Por lo tanto, las otras tareas debían encajar los tiempos de codificación óptimos.

Con los datos que has recopilado anteriormente, debes tener una idea aproximada de cuándo eres más capaz de realizar determinadas tareas.

Si bien continuarás refinando esto en función de la experiencia, debes tener suficiente información para al menos comenzar.

. . .

Sin embargo, debes tener cuidado con la forma en que priorizas tus actividades de trabajo. Si bien es probable que tu gerente te diga que todo es importante, hay algunas tareas que tendrás que priorizar sobre otras.

En mi caso, aunque se esperaba que escribiera documentación y mentor de desarrolladores junior, ninguna de esas tareas surgió durante mi revisión anual. Por lo tanto, era razonable actuar como si estas tareas eran de menor valor, ya que hacerlas bien no me ofrecía un aumento, mientras que realizar otras actividades de manera deficiente probablemente me habría perjudicado.

Dado que tu entorno de trabajo probablemente tenga una dinámica similar, te sugiero encarecidamente que adoptes un enfoque similar. Encuentra más actividades importantes que se esperan de ti y prográmalas primero.

Dales bloques de tiempo que correspondan al tiempo de trabajo óptimo, y luego programa las actividades menos críticas durante el otro tiempo disponible en tu jornada laboral.

El objetivo de este ejercicio es darte una idea aproximada de lo que un día típico debería verse así. En realidad, la mayoría de los días no serán perfectos pero puedes usar este calendario para planificar tu día de manera óptima y eficiente.

Si lo haces correctamente, no solo será más fácil trabajar desde casa, sino que darás la impresión de que estás trabajando mucho más de lo que probablemente haces. Esto es especialmente cierto si no pasaste por este ejercicio cuando iba a la oficina.

Mantén este calendario actualizado a medida que obtengas más información sobre tu tiempo de trabajo óptimo.

Cuando tienes una experiencia particularmente buena (o mala) día, compara el trabajo que hiciste ese día con lo que habías programado en tu calendario semanal ideal.

A menudo descubrirás ideas sorprendentes. Ciertamente lo hice, he aprendido que me sentí con más energía en promedio cuando escribía al menos todos los días, y también aprendí que soy terrible en bases de datos y optimización del rendimiento al final del día.

• • •

Ten este calendario a mano y consúltalo con frecuencia, ajustándolo según sea necesario, y será una herramienta extremadamente útil en tu caja de herramientas.

Los hábitos determinan tu éxito a largo plazo

La clave para poder trabajar a distancia durante un largo período de tiempo es desarrollar hábitos saludables y mantenerlos. Hay muchos riesgos para la capacidad de un trabajador a distancia para trabajar desde casa, con problemas relacionados con la situación en el hogar o la salud personal de cada uno, así como temas relacionados con la oficina y las personas que están allí.

Manejar tus relaciones laborales y cómo se te percibe en la oficina es fundamental para tu capacidad de ser un trabajador a distancia eficaz. También encontrarás que muchas relaciones sociales cambian cuando empiezas a trabajar desde casa, y tendrás que gestionar esas relaciones para que no te hagan la vida más difícil.

Desarrollar hábitos adecuados de trabajo a distancia es tu responsabilidad. Si bien tu empleador y tu círculo social podrían ayudarte, la responsabilidad de los resultados recae únicamente en ti.

. . .

Pero eso es bueno, significa que puedes tener control sobre tu vida. Las dificultades para realizar un cambio son transitorias; los beneficios son a largo plazo.

6

Conclusión

HEMOS RECORRIDO un largo camino a través del trabajo a distancia y has tomado los consejos que te parecieron relevantes. Ahora es momento de materializarlos y lograr tener un estilo de vida ideal. Recuerda que eres capaz de tener una vida laboral y personal con tus propios horarios y en la facilidad de tu hogar, pero eso no será sencillo al comienzo.

Demostrar que puedes ser productivo, crear un ambiente de trabajo en casa, balancear tu tiempo libre, cuidar tu salud, manejar tus horarios de manera eficiente y poder cumplir tus sueños es algo que podrás lograr con la experiencia y el aprendizaje. Pero nunca está de más una pequeña ayuda como la que te ofreció este libro a través de sus capítulos.

· · ·

El mundo está lleno de sorpresas y se va a adaptando con el paso del tiempo. Querer tener un trabajo con modalidad a distancia a tiempo completo te convierte en un pionero del mundo moderno, así que no te rindas.

Cómo Encontrar tu Pasión y Vivir una Vida Plena

Los Elementos Fundamentales que te Ayudarán a Encontrar tu Verdadero Llamado en la Vida

Índice

Introducción

¿Alguna vez has admirado a alguien por lo plena que parece su vida? Su pasión brilla en todo lo que hace porque ha encontrado su propósito. ¿No te gustaría estar en su lugar por una vez?

Este libro es la guía definitiva para conseguirlo. Si sigues las instrucciones aquí dadas paso a paso, a lo mejor llegarás exactamente a donde necesitas estar cuando llegues al final. S te mostrará cómo superar tus miedos y pensar en positivo cuando ese lado negativo de ti mismo empiece a inventar razones tontas por las que no deberías hacer algo, o por las que no eres lo suficientemente bueno. ¿Quieres hacer realidad tus fantasías? ¿Tienes problemas para saber por dónde empezar? Pues lee esto y aprenderás cómo conseguirlo. Es hora de dejar de procrastinar y hacer por fin algo por ti mismo para lograr la vida que siempre has querido.

Algunas personas han pasado por lo que parece el infierno y han vuelto. Esas personas, en sus días de juventud, es seguro decir que estaban viviendo una vida de la que no estaban demasiado orgullosos, y luego, a través de sus experiencias de vida y la construcción de su futuro, finalmente encontraron su pasión. Este libro es para ayudarte a encontrar lo mismo. A través de la búsqueda de tus creencias y talentos, descubrirás cuál es tu pasión. Ayudar a personas como tú a encontrar sus deseos y darles la motivación para luchar por la mejor vida que puedan vivir es el objetivo de este libro.

A través de tus experiencias de vida vistas desde la perspectiva aquí dada, aprenderás realmente lo que es vivir una vida satisfactoria.

¿Estás cansado de vivir la misma vida rutinaria y aburrida que tienes ahora? Levantarse todas las mañanas, prepararse para el trabajo, ir al trabajo, y luego llegar a casa agotado pero con muchas responsabilidades por lo que no tienes tiempo para descansar.

Si esto te suena familiar, entonces definitivamente elegiste el momento adecuado para leer este libro. Se cubrirán todos los temas de quién, dónde, qué, por qué y cómo vivir apasionadamente. En este libro, aprenderás muchas estrategias para encontrar tu pasión. Si usas estas habilidades todos los días, pronto sentirás las alegrías de una vida abundante y llena de pasión.

Cómo usar este libro: Este libro tiene una serie de capítulos que te pedirán que tomes notas. Agarra un bolígrafo y un bloc de notas y anota lo que has aprendido y responde a las preguntas de forma eficaz hasta el final.

Si sientes incomodidad, es una buena señal. Esto demuestra que has llegado al núcleo de la cuestión.

Empieza a escribir sin juzgar ni criticar. Asegúrate de escribir lo que se te ocurra. En el apéndice, al final de este libro, encontrarás una lista de preguntas.

Qué es la pasión: La pasión es un fuerte deseo que puede llevarte a hacer cosas increíbles.

La pasión es una emoción sobre la que hay que actuar.

Sin acción, la pasión no produce resultados que valgan la pena. La pasión es el combustible en el fuego de la acción. Cuando tienes pasión por algo, lo amas incluso cuando lo odias.

Entonces, ¿qué es la pasión? ¿Cómo reconoces tu pasión y cómo la pones en práctica?

¿Qué es la pasión? Un deseo alimentado por la pasión dará los mejores resultados en la vida.

Me gusta el monopatín, pero no tengo la determinación necesaria para esforzarme por romperme los huesos y visitar el hospital. Por eso no soy tan bueno como podría ser. No me apasiona.

La pasión puede empujarte en los momentos difíciles porque no te importa lo que cuesta ser mejor. Todos tenemos la capacidad de crear el tipo de vida que queramos. El secreto para vivir el sueño se esconde en nuestras pasiones y en lo que hacemos gracias a ellas.

¿Cómo saber qué te apasiona? Encontrar lo que te apasiona es un viaje en sí mismo. No te sientas frustrado si todavía no lo sabes. Sigue probando cosas nuevas. Llegará aunque tengas que construirlo.

Si encuentras tu pasión, o te encuentras tras su pista, no la abandones.

¿Y si sabes lo que te apasiona pero no haces nada al respecto? Este es el principal problema de la pasión.

Puedes tener toda la pasión del mundo por algo, pero si nunca haces nada al respecto, esa pasión es inútil.

Tal vez tengas un buen trabajo que paga todas las facturas, pero que no te permite seguir realmente tu pasión. Tienes miedo de lo que pueda pasar si cambias las cosas. Sí, el cambio da miedo, pero no es hasta que salimos de nuestra zona de confort cuando encontramos lo que nos hemos estado perdiendo.

Tú eres el autor de tu vida. No te conformes con lo mínimo sólo porque ahora te funciona.

Nunca sabrás de qué eres realmente capaz si no te exiges a ti mismo.

Pero incluso cuando persigas tu pasión, te encontrarás con fracasos y otros obstáculos. No puedes dejar que eso te afecte. A todo el mundo le ocurre en el camino de seguir su pasión.

Abraham Lincoln tenía una gran pasión por construir un gran país. ¿Crees que dejó que unos cuantos fracasos le impidieron hacerlo? No dejes que los obstáculos te desanimen.

¿Y la pasión por las personas? La idea de la pasión también se aplica a las personas. No caigas en la trampa común de pensar que quieres a alguien y no hacer nada al respecto. Pregúntate si vale la pena renunciar a mi orgullo para mantener una relación? ¿Y ser desinteresado y sacrificar tu tiempo o tu comodidad? Si no puedes hacer eso, probablemente no es amor real, o necesitas empezar a hacer cambios.

A menudo, creo que tenemos que recordarnos a quién amamos y actuar en consecuencia. Es fácil dejar que las relaciones familiares se debiliten por culpa del orgullo.

Por supuesto, dices que amas a tu familia, pero cuando tu hermano está en la obra de teatro del colegio, y tú odias las obras de teatro, ¿vas?

Lo mismo ocurre con las relaciones íntimas. ¿Sólo amas cuando es fácil? El verdadero amor requiere sacrificio y trabajo.

Se superan los momentos difíciles porque se les quiere y se comprende que toda pasión que se persiga tendrá baches en el camino. Por desgracia, mucha gente no entiende lo que significa tener pasión por alguien. Por eso los índices de divorcio son tan elevados y las familias suelen quedar destrozadas por los sentimientos heridos y el drama innecesario.

Seguir cualquier pasión requiere vulnerabilidad y trabajo. Pero se te promete que, al final, el resultado de esos esfuerzos será el más satisfactorio para tu vida.

4 cosas que debes saber para encontrar tu pasión

1. La pasión es lo que te gusta hacer: La pasión es una fuerte emoción o deseo por alguien o algo. Es lo que te gusta hacer, tal vez te pierdes en ello y el tiempo cesa, te

atrae instintivamente, te produce una gran satisfacción y/o es algo a lo que puedes dar un SÍ rotundo si te dan el tiempo y la oportunidad.

2. La pasión es energía: La pasión alimenta el fuego de la inspiración y nos abre las oportunidades y la motivación para atender las necesidades que nos rodean. Hay un poder que proviene de hacer lo que te entusiasma. Cuando haces lo que está alineado con lo que eres, obtienes energía de ello. Te sientes motivado para salir de la cama y perseguirlo y te da algo que esperar.

3. La pasión tiene que ver con la búsqueda, la perseverancia y la progresión (¡Acción!):

Las personas apasionadas HACEN lo que les gusta, su energía por ello los lleva a la acción. Persiguen su pasión de forma constante y tienen un fuerte nivel de compromiso. La persiguen con determinación, a pesar del dolor y el fracaso o la decepción, y siguen adelante.

¿Por qué? Lo más probable es que sea porque les encanta y no pueden imaginarse sin hacerlo o porque quieren alcanzar un objetivo, mejorar su rendimiento o buscan un resultado o impacto deseado. Añadir la perseverancia y el deseo de progresar a una búsqueda apasionada puede llevarte a la meta en vivo. No se puede: escribir un libro sin sentarse a escribir, correr una maratón sin entrenar o dirigir un negocio sin dedicarle tiempo. Estar dispuesto a poner el tiempo y la energía para "hacerlo realidad" es la clave.

4. La pasión puede llevarte a tu propósito: El propósito es estar alineado con quién eres y hacer las cosas para las que has sido llamado, dotado o creado de forma única. En mi opinión, el propósito es tomar esas cosas que amas (o tus pasiones), superponerlas con tus habilidades y talentos y tomar medidas para satisfacer una necesidad, proporcionar un servicio o perseguir una oportunidad. Perseguir tu pasión puede llevarte a tu objetivo y el resultado puede ser un mayor impacto en el mundo y la realización de ti mismo.

Ahora, respira hondo, porque estás a punto de descubrir tu pasión y tu propósito. Cuando te sientas preparado, pasa a la siguiente página y comencemos este viaje de autodescubrimiento.

1

Encuentra tus creencias

Las creencias son juicios internos sobre uno mismo. Es la certeza de lo que uno cree que es verdadero o falso. La creencia es algo así como la moral, arraigada en lo más profundo de uno mismo. Una creencia es mental, espiritual y sentimental. Lo que crees motiva tus acciones y te impulsa hacia tus ambiciones. Por ejemplo, creer en una causa te hará querer defenderla.

Si crees en una religión, juras por ella. Si crees en ciertas personas, las apoyas. Creer es actuar.

¿Te suena esto? ¿Crees en ti mismo? Este libro está aquí para ayudarte a llegar a donde necesitas estar.

Empezaremos por abordar esas creencias limitantes que todos tenemos.

. . .

Averiguando qué es lo que te hace sentir impotente para tener éxito, podrás empezar a trabajar en lo que te hará sentirte impulsado hacia la vida. Es hora de recuperar el control y creer que te mereces algo mejor.

Sustituir las creencias limitantes: Las creencias autolimi-tantes pueden obstaculizar tu felicidad y vivir la vida que quieres y mereces. Vamos a repasar algunas creencias limitantes comunes que pueden impedirte perseguir lo que realmente quieres, y cómo sustituirlas introduciendo nuevas creencias que te sitúen en un camino más positivo.

1. "No soy único". Nueva creencia: soy único porque estoy a cargo de mi vida. A menudo, nuestra mente nos dice cosas negativas que no deberíamos creer. Si tenemos una baja autoestima, tendemos a pensar en estos pensamientos negativos. Entiende que tú eres único. Cuando creemos que no somos únicos en nuestra mente, normalmente estamos comparando nuestra vida con la de los demás. Combate estos pensamientos con el conocimiento de que tu vida es tuya para vivirla, de nadie más. Agradece lo que tienes ahora y entiende que siempre hay una forma

positiva de ver los resultados más negativos. Recuerda que nadie es tu jefe y que tú eres el que manda. Estos ejemplos te permitirán aclarar tu mente. He aquí algunas preguntas que debes hacerte: ¿Soy una persona amable? ¿Soy empático? ¿Soy un buen oyente? ¿Me esfuerzo por hacer el bien a los demás? ¿Tengo objetivos y aspiraciones? Si has respondido afirmativamente a alguna de estas preguntas o a todas ellas, bueno, amigo mío, esto es una prueba de que eres único, y deberías escuchar estas respuestas que gritan en tu mente.

2. "No sé lo que quiero". Nueva creencia: Soy el producto de mi entorno; yo escojo tomar las oportunidades para hacer mi propia realidad. Cuando aceptas el cambio, es menos probable que la preocupación controle tu mente. No tengo que saber mi destino, sólo la dirección que quiero tomar. Empieza por lo pequeño y construye una escalera sobre cómo llegar a donde necesitas estar. Trabaja en aprender a disciplinarte, en habilidades de comunicación, en tácticas de negociación, en técnicas de persuasión, en estar saludable a través del ejercicio, y aprende a ser flexible con tus horarios. Estas cosas son habilidades universales que se necesitan para encontrar la pasión.

3. "No tengo tiempo". Nueva creencia: Nada es

permanente; nunca es demasiado tarde. Cuando quieres lo que quieres con la suficiente intensidad, harás cualquier cosa para conseguirlo. Es así de sencillo. Vivir un día a la vez, y hacer algo hacia tu objetivo cada día es el primer paso para superar el pensar demasiado. Deja de centrarte en la cantidad de tiempo que tienes, sino en la cantidad de tiempo que podrías ganar, y eso cambiará por completo la forma en que utilizas el tiempo limitado que tienes.

4. "Tengo que arreglar o cambiar esto o aquello antes de conseguirlo x cosa". Nueva creencia: El pasado puede ser evaluado y remodelado. Esta creencia limitante es la que nos hace procrastinar aunque sepamos lo que necesitamos o lo que queremos. Si crees que las cosas tienen que cambiar primero antes de completar algo más, entrarás en un ciclo de procrastinación. Sólo hace falta un momento para cambiar las cosas. Un pensamiento y una acción para hacer algo diferente pueden marcar la diferencia. Si te esfuerzas por ser productivo y dar pasos hacia tus objetivos una vez al día, o incluso una vez a la semana, es suficiente para hacer realidad lo que quieres.

5. "No soy lo suficientemente bueno". Nueva creencia: No es personal. Cuando nuestra

mente saca lo mejor de nosotros, llegamos a creer que no somos lo suficientemente buenos. Los pensamientos negativos son unos mentirosos convincentes y se aprovechan de las más escasas migajas de evidencia para apoyar la idea de que no eres lo suficientemente bueno. Si alguien tiene un mal día y te hace creer esta limitación, no te lo tomes como algo personal. Tu vida es tuya para vivirla. Tú tienes el control de tus pensamientos, acciones, creencias, motivaciones, aspiraciones, objetivos y pasiones, etc.

6. "Es demasiado tarde para cambiar/ Perseguir mis sueños". Nueva creencia: Tengo todo lo que necesito dentro de mí; nunca es demasiado tarde. El camino hacia el éxito es revivir tus experiencias pasadas y aprender de ellas. Comprende que tienes todo lo que necesitas y confía en que estás preparado para tomar las riendas de tu futuro. Dite a ti mismo que tienes la suficiente confianza para alcanzar tus sueños. Sigue adelante y no busques la aprobación de los demás.

7. "Tengo demasiadas responsabilidades". Nueva creencia: Puedo manejar cualquier cosa cuando me lo propongo. El trabajo duro da sus frutos cuando se sigue intentando. ¿Tienes

hijos? ¿Un trabajo? ¿Un matrimonio? Como se ha dicho antes, el día tiene 24 horas, y la mayoría de los adultos pueden vivir con unas seis horas y media de sueño. Aprende a gestionar tu tiempo de forma eficaz y saca el máximo partido a lo que buscas. Proponte lo que quieras y añádelo a tu lista de responsabilidades. Cree en ti mismo y en tu capacidad para gestionar todas las responsabilidades y tendrás éxito.

8. "No puedo perseguir mis sueños porque puedo fracasar". Nueva creencia: El fracaso es el éxito que aún no ha ocurrido. Cuando fracasamos, aprendemos lo que no debemos hacer de nuevo. El fracaso nos hace intentar hacerlo mejor la próxima vez. Una vez más, como se indica en la primera creencia limitante, hay que hacerse esas mismas preguntas. ¿Qué puedo aprender? ¿Qué puedo sacar de esta situación? ¿Me estoy comparando con otros? Comprende que eres único y que hay más cosas buenas que malas en ti. Veamos el ejemplo de Paola. En muchas ocasiones ella ha querido renunciar a sus sueños de convertirse en empresaria y, antes de eso, en entrenadora personal. Fuera de forma después de años detrás de un escritorio, pensó que la lucha para convertirse en una entrenadora personal estaba perdida incluso

antes de subir al ring, pero tuvo la suerte de tener un gran entrenador de vida en su esquina animándole. Eso es lo que este libro ha venido a hacer por ti.

Lo que hemos aprendido:

Las creencias autolimitantes pueden impedirte buscar la felicidad y vivir la vida que realmente deseas.

Nuestros días pueden estar llenos de pensamientos negativos sobre nosotros mismos, si lo permitimos. Solo si lo permitimos.

Cada pensamiento negativo que tengas puede ser contrarrestado con un pensamiento opuesto, que probablemente sea mucho más verdadero, pero definitivamente mucho más positivo.

Siempre existe la tentación de procrastinar y los seres humanos son muy buenos para encontrar razones para hacerlo.

Nos decimos a nosotros mismos que no tenemos suficiente tiempo, o que tenemos que hacer otras cosas primero. Haz el tiempo, hazlo posible.

Una de las grandes cosas de las personas es que tenemos la capacidad de cambiar, no importa la edad que tengamos. Podemos cambiar y podemos aprender cosas nuevas. No dejes de soñar porque creas que es demasiado tarde para ti.

El fracaso nunca es el final de la historia, porque eres fuerte y no eres el tipo de persona que va a abandonar a la primera señal de problemas.

Preguntas para hacerte a ti mismo: Apunta en tu cuaderno de ejercicios las respuestas de las siguientes preguntas.

- Para mí, ¿cómo es una vida apasionada?
- Cuando viva una apasionada, ¿Cómo me sentiré?
- ¿Cuáles son las creencias limitantes que tengo?
- ¿Qué me está deteniendo de lograr lo que quiero?

Ahora ya sabes cómo encontrar tus creencias limitantes y cómo reemplazar esas creencias negativas con positivas; ahora, en el próximo capítulo empezaremos la búsqueda para encontrar tu ikigai.

2

Introducción al Ikigai

La palabra "ikigai" es una palabra japonesa que significa "una razón de ser". Si lo traducimos al español, es palabras más cercanas, significa: cosas por las que vives, o la razón por la que te levantas por la mañana. El ikigai es específico de nuestras vidas, valores y creencias. Las actividades que implican ikigai se realizan de buena fe, y el sentimiento te da una sensación satisfactoria de propósito.

El origen de la palabra ikigai se remonta al periodo Heian (794 a 1185).

El psicólogo clínico y ávido experto en la evolución del ikigai, Akihiro Hasegawa, publicó un artículo de investigación en 2001 en el que escribía que la palabra "gai" proviene de la palabra "kai", que se traduce como "concha" en japonés.

Durante el periodo Heian, las conchas eran extremadamente valiosas, por lo que la asociación de valor sigue siendo inherente a esta palabra. También puede verse en palabras japonesas similares como hatarakigai, (働きがい) que significa el valor del trabajo, o yarigai ~ga aru (やり甲斐がある), que significa "vale la pena hacerlo".

Ikigai es lo que te hace levantarte cada mañana y te hace seguir adelante.

Gai es la clave para encontrar tu propósito, o valor en la vida.

La mejor manera de encapsular la ideología general del ikigai es observar el diagrama de Venn del ikigai, que muestra las cuatro cualidades principales que se superponen: para qué eres bueno, qué necesita el mundo, por qué te pueden pagar y, por supuesto, qué te gusta.

¿Por qué el ikigai es importante? Muchos sociólogos, científicos y periodistas han investigado y formulado hipótesis sobre la utilidad y la verdad de este particular fenómeno, y han llegado a varias conclusiones muy interesantes. Una teoría en particular es que el ikigai puede hacer que vivas más tiempo y con más dirección.

En septiembre de 2017, el popular programa de televisión japonés Takeshi no katei no igaku se asoció con un grupo de científicos para llevar a cabo una investigación en la pequeña ciudad de Kyotango, en Kioto, un lugar que se enorgullece de tener una población que tiene tres veces más residentes mayores de 100 años en comparación con la media del resto del país.

El programa quería saber qué puntos en común tenían estos ancianos felices en su vida diaria, por lo que siguieron a siete personas de entre 90 y 100 años desde la mañana hasta el amanecer, haciéndoles análisis de sangre y otros controles de salud.

Lo que encontraron interesante fue que las siete personas tenían cifras excepcionalmente altas de DHEA, una hormona esteroide segregada por las glándulas suprarrenales que muchos creen que puede ser la milagrosa "hormona de la longevidad".

. . .

Curiosamente, a medida que el programa seguía a esos hombres y mujeres, descubrieron una única cosa que todos tenían en común: un pasatiempo que practicaban a diario y al que estaban muy enganchados. Se vio a una mujer de casi 90 años que pasaba unas horas diarias tallando máscaras tradicionales japonesas, a otro hombre que pintaba y a otro que iba a pescar a diario.

Aunque la correlación entre tener una afición que te guste y el aumento de la DHEA aún no se ha demostrado científicamente, el programa sugirió que tener esta única cosa que te mantiene interesado, centrado y te da una sensación de satisfacción en la vida puede aumentar tu hormona juvenil DHEA, lo que conduce a una vida más larga y feliz.

¿Dónde se practica el ikigai? Okinawa, la isla meridional de Japón continental, alberga uno de los mayores porcentajes de centenarios por población.

Okinawa es también un semillero de la ideología del ikigai. Aquí, el clima templado, la dieta saludable y el bajo nivel de estrés también son factores, pero es la población activa de la isla, formada por residentes que no se jubilan y que tienen un propósito, lo que la relaciona con otras comunidades longevas de Cerdeña (Italia) e Icaria (Grecia).

En 2010, el escritor Dan Buettner publicó un libro titulado Blue Zones: Lessons on Living Longer from the People Who've Lived the Longest (Lecciones para vivir más tiempo de la gente que más ha vivido), en el que estudiaba las zonas del mundo que albergan a los residentes más longevos (incluida Okinawa).

Lo que descubrió fue que, aunque tengan una palabra diferente para ello, el ikigai, o tener un "propósito en la vida" era un fuerte vínculo de unión.

Si puedes encontrar placer y satisfacción en lo que haces y eres bueno en ello, enhorabuena, has encontrado tu ikigai".

.

Héctor García, escritor que ha publicado varios libros sobre esta teoría, entre ellos Ikigai: El secreto de una vida larga y feliz, publicado en inglés el año pasado, cree, sin embargo, que este ikigai no debería estar vinculado sólo a las personas mayores. De hecho, actualmente es más popular que nunca entre los jóvenes, tanto dentro como fuera de Japón.

. . .

"Descubrimos [al publicar el libro que] una de las claves de su éxito es el momento en que se utiliza la palabra 'ikigai'". Sostiene que está ganando más adeptos ahora, justo cuando la gente lo necesita, "especialmente en las generaciones más jóvenes que buscan más sentido a sus vidas".

Encontrar tu ikigai: Encontrar tu ikigai puede ser una tarea intimidante. Tienes que descubrir en qué estás destinado a convertirte. Tienes que creer que algo es tu propósito en la vida porque te apasiona. Veamos el ejemplo de Jorge. A Jorge, por ejemplo, le apasiona el esquí, el buceo y la escalada. Su pasión es enseñar y motivar a la gente, y como entrenador de vida y empresario, su ikigai y su verdadero propósito es ayudar a la gente. Si no sabes o no has encontrado tu ikigai todavía, no pasa nada porque no mucha gente conoce su ikigai, y este libro está aquí para ayudarte. El ikigai se divide en cuatro elementos. Veámoslo más de cerca.

- Lo que AMAS hacer (tu devoción).
- Lo que EL MUNDO NECESITA que sea diferente y dinámico (tu objetivo).
- Lo que eres BUENO HACIENDO, tus hobbies e intereses (tu vocación).
- Lo que haga que te PAGUEN que te vuelva feliz y satisfecho (tu carrera).

Cuando todo lo anterior se alinee perfectamente,

encontrarás tu ikigai aquí. Cuando esto ocurra, la plenitud, la longevidad y la verdadera felicidad estarán en tu interior y en tu alma.

La palabra "ikigai" es una referencia a los estados espirituales y mentales que hay detrás de nuestras circunstancias, en contraposición a nuestra situación económica. Mientras estemos avanzando hacia nuestro propósito, no importa si estamos atravesando una época oscura en nuestras vidas porque seguimos experimentando el ikigai. El ikigai no son las expectativas forzadas del mundo que nos rodea; son las acciones naturales que surgen de una profunda conexión con la vida las que crean el sentimiento de ikigai.

Cómo tomar provecho de tu ikigai: Hay quien dice que encontrar tu ikigai es lo que te hace vivir más tiempo. Esta definición tiene sentido, ya que la felicidad es un hecho probado para llevar una vida sana, mientras que el estrés acorta nuestra vida. Si eres como una persona plena y quieres alcanzar la grandeza, ser feliz y encontrar un propósito en ti mismo y en tu vida, entonces encontrar tu ikigai es la clave.

Aquí hay cuatro sugerencias que te ayudarán a encontrar tu ikigai más rápido:

. . .

1. Encontrar el sentido o un rol en el que tú creas firme-mente. El primer paso para entender y encontrar tu ikigai es mirar más allá de ti mismo. Esto significa mirar tus experiencias de vida pasadas y aprender de las lecciones que puedes sacar de cada escenario o situación. Mira dentro de ti cuando estés solo, o en un entorno tranquilo y silencioso, y reflexiona sobre ti mismo, tu historia y tus sentimientos. Encontrar un propósito o creer en algo que te importe de verdad te ayudará a ser ambicioso con tus objetivos y te hará superar los momentos difíciles.

2. No pienses. Sólo hazlo. Deja de pensar en cuándo va a ser el momento adecuado, o cuál es el momento idóneo para empezar. Si tienes muchas pasiones y deseos, nunca es demasiado tarde para empezar. Cada pequeño paso hacia la realización de tu objetivo y tu pasión cuenta. Por ejemplo, Steve Jobs fundó Apple con 21 años, y Elon Musk se volvió director general de Tesla a los 37 años. Ambos trabajaron para alcanzar su pasión intentando y completando pequeños pasos para llegar a ella, sin importar su edad. Empieza a encontrar tu verdadera pasión reduciéndola a una o dos principales, y sigue dando pasos para cumplirlas durante algún tiempo. Al hacer esto, te ayudará a decidir si eso es lo que quieres hacer.

. . .

3. Rodéate con gente que tenga intereses similares a los tuyos. Al rodearte de personas que comparten los mismos intereses que tú, te encontrarás compartiendo ideas y aprendiendo de los errores que puedan haber cometido. Pueden surgir oportunidades para ti, que te ayudarán a averiguar si esta pasión que te interesa es adecuada para ti. Ten en cuenta que alcanzar tu verdadero potencial no va a suceder de la noche a la mañana, así que ten paciencia.

4. Acepta el fracaso como parte del proceso Los reveses son una parte normal de la vida. Nos ayudan a darnos cuenta de nuestros errores y nos dan fuerzas para hacerlo mejor la próxima vez que nos enfrentemos a un problema similar. Algunos contratiempos pueden ser el resultado de la falta de apoyo, de que tus ideas sean juzgadas, de que no recibas ayuda financiera, etc. Estos contratiempos son pasos que nos ayudan a hacernos más fuertes a la hora de encontrar nuestra pasión.

3 ejemplos de vivir según el ikigai: El famoso chef de sushi japonés Hiroki Sato es un buen ejemplo de ikigai, concebido como la devoción a una actividad que aporta una sensación de plenitud o logro.

. . .

El chef Sato ha dedicado su vida a innovar y perfeccionar las técnicas de elaboración de sushi. Dirige un pequeño y exclusivo restaurante de sushi de 10 plazas en Tokio (Japón).

El chef Sato ha conseguido la máxima calificación de la guía de restaurantes Michelin, tres estrellas, y está considerado como el chef de sushi más consumado del mundo. En Jiro Dreams of Sushi, el premiado documental sobre su vida y su trabajo, el chef Sato afirma:

"Tienes que enamorarte de tu trabajo... dedicar tu vida a dominar tu habilidad... Seguiré intentando llegar a la cima, pero nadie sabe dónde está la cima".

Esta es una buena ilustración del ikigai como devoción a lo que uno ama, un esfuerzo hacia la maestría y el logro, y un viaje interminable que también aporta una sensación de plenitud.

Curiosamente, el chef Sato no sólo se encarga de la preparación del sushi en su restaurante. Debido a su pequeño tamaño y a su disposición abierta, puede observar de cerca la degustación y las reacciones de sus clientes a la comida y es conocido por modificar el sushi en función de dichas reacciones.

. . .

Se podría decir que el ikigai del chef Sato consiste en buscar la excelencia en la preparación del sushi y compartirla con los amantes del sushi y la buena mesa.

Otras personas de las que se puede decir que ejemplifican la búsqueda del ikigai son la mundialmente famosa primatóloga Jane Goodall.

Goodall se apasionó por los animales, y especialmente por los primates, desde una edad temprana. A los 20 años, persiguió su pasión por los primates escribiendo al antropólogo Louis Leakey. Leakey pensó que el estudio de los grandes simios actuales proporcionaría pistas sobre el comportamiento de su principal interés: los primeros ancestros humanos.

Con la ayuda de Leakey, Goodall comenzó su estudio de los simios en la naturaleza. Se convirtió en una experta en trabajar estrechamente con los simios, documentando su inteligencia y sus interacciones sociales.

También se convirtió en una defensora de los derechos de los animales que ha ayudado a salvar a los simios y otros animales de experimentos dañinos y de la destrucción de sus hábitats.

. . .

De este modo, Goodall ha perseguido su pasión, se ha convertido en una experta en este campo, ha cubierto la necesidad mundial de conocimiento/protección de los primates y se ha ganado la vida publicando libros sobre el comportamiento de los simios y ganando honorarios por dar conferencias.

Se podría decir que el centro de su ikigai es conectar con los grandes simios, aprender sobre ellos y defenderlos, y a través de esta conexión, vincularse de forma positiva con todos los seres vivos.

Otro ejemplo de alguien que ha encontrado su ikigai, o el propósito de su vida, es el surfista y defensor de la vida silvestre John Mitchell. Mitchell es un surfista "libre" muy aclamado, con generosos patrocinios pero sin participar en concursos. Fundó Surfers for Cetaceans, una organización dedicada a la protección de los cetáceos (delfines, marsopas y ballenas) y de toda la vida marina.

Gracias a su amor por el surf y el océano, Mitchell llegó a admirar a los numerosos delfines que venían a cabalgar las olas con él en Byron Bay (Australia).

. . .

Mitchell ha experimentado claramente un tipo particular de flujo con su surf. A través de él, llegó a apreciar la vida de los cetáceos en particular.

Se podría decir que su ikigai reside en la búsqueda de estados de flujo en el surf y en asegurar que otras criaturas vivas, como los cetáceos, puedan experimentar sus propios estados de flujo, en lugar de ser cazados, mantenidos en acuarios o atrapados en redes de pesca.

Lo que hemos aprendido:

Ikigai significa una razón de ser. En otras palabras, significa las cosas por las que uno vive o la razón por la que se levanta por la mañana.

Ikigai es la combinación de pasión, misión, profesión y vocación. Cuando estos cuatro elementos se combinan, la superposición constituye tu ikigai, tu razón de ser.

Para encontrar tu ikigai, tienes que encontrar lo que te gusta, lo que se te da bien, lo que el mundo necesita y por lo que te pueden pagar.

. . .

Descubrir tu ikigai te dará un mayor enfoque en tu vida y te dará un nuevo sentido de dirección, quizás el impulso que necesitas para cambiar tu vida a mejor.

La importancia de reconocer qué tienen que ver tus creencias con tu ikigai.

Se dice que descubrir el propio ikigai contribuye a una vida con menos estrés y más pasión. Dos de los componentes necesarios para una vida más larga y feliz.

¿Qué es lo que te apasiona? No siempre lo sabemos y, si no lo sabes, puede que no sea algo que hayas encontrado antes. Puede que tengas que buscar más allá para descubrir cuál es tu pasión. Por supuesto, fíjate en tus experiencias pasadas y en lo que ya conoces, pero no te cortes a la hora de probar cosas nuevas.

Si esperas el momento perfecto para hacer algo, nunca lo harás. Nunca hay un momento perfecto para nada, todos sacamos lo mejor que podemos de cualquier situación. No te reprimas, si quieres hacer algo, hazlo.

· · ·

Si te interesa algo, tienes que rodearte de gente con intereses similares. El fracaso no es algo de lo que haya que avergonzarse, intenta aceptarlo como una herramienta de aprendizaje, en lugar de como algo que hay que evitar. Aprendemos cometiendo errores.

Preguntas para hacerte a ti mismo: toma una pluma y papel y escribe tus respuestas.

- ¿Qué es lo que más me gusta hacer?
- ¿Cuál es el top tres de hobbies que tengo?
- ¿Qué es en lo que más he destacado?
- ¿Cuáles son las causas que más apoyo activamente?
- ¿Haciendo qué cosa la gente me pagaría?
- ¿Cuáles son las personas con las que puedo compartir mis intereses?
- ¿Estoy haciendo lo que el mundo necesita?

Una vez más, tómate un momento para escribir las respuestas a las preguntas. Además, anota algunas pasiones y deseos que tengas, luego minimiza esa lista y descubre dos o tres que realmente te creen una emoción en tu interior. Déjate llevar por estas notas durante unos días y deja que lo que venga a tu mente fluya de forma natural a través de tus pensamientos. En un par de días, vuelve a esta lista y vuelve a evaluarla.

· · ·

Una vez que encuentres tu ikigai, debes preguntarte quién eres. En el próximo capítulo, profundizaremos en esta cuestión.

3

Conoce tu tipo de personalidad

LA DEFINICIÓN de personalidad es la combinación de cualidades que conforman el carácter de una persona.

Este capítulo trata acerca de los tipos de personalidad y cómo encontrar el tuyo.

Hay un montón de tests en línea que puedes hacer para averiguar qué tipo de personalidad tienes. Lo que hay que hacer es encontrar el correcto, que es casi 100% preciso. Puedes hacer el "Test de los Cinco Grandes de la Personalidad" para hacerte una idea aproximada de quién eres, pero nada te resuelve tanto como el test del indicador de tipo Myer-Briggs.

Según este indicador, hay 16 tipos diferentes de personalidades, y vamos a hablar de cada uno de ellos.

. . .

¿Por qué necesitas averiguar exactamente qué tipo de persona eres? Bueno, ayuda mucho a conocerte a ti mismo para encontrar tu pasión. Tu tipo de personalidad te ayudará a entender qué trabajo te conviene más y por qué serás feliz haciendo eso como carrera.

El indicador de tipo Myers-Briggs (MBTI): Isabel Myers y su madre, Katherine Briggs, crearon un estudio en la década de 1940 que analizaba las distintas personalidades de las personas. Investigaron mucho y estudiaron a las personas durante dos décadas y sus resultados concluyeron que había dieciséis tipos de personalidad diferentes. Su teoría era que si alguien sabía qué tipo de personalidad era, le ayudaría a entenderse mejor a sí mismo para poder vivir una vida plena.

El test se compone de ocho características que informan de cuáles son los tipos de personalidad. Estas características son: Extraversión (E) - Introversión, (I) Sensibilidad (S) - Intuición (N), Pensamiento (T) - Sentimiento (F), Juicio (J) - Percepción (P).

Veamos ahora cada uno de los pares:

. . .

1- Extraversión - Introversión: El primer par de características representa la fuente y la dirección de la expresión energética de una persona. Es realmente sencillo.

La fuente de energía de un extravertido se encuentra principalmente en el mundo exterior, mientras que un introvertido tiene una fuente de energía en su mundo interior.

2- Sensibilidad - Intuición: El segundo par representa el tipo de información que tú procesas. Ser sensible significa que una persona cree principalmente en la información recibida del mundo exterior. Por lo tanto, si tu preferencia es ser sensible, es probable que prefieras ocuparte de los hechos, de lo que sabes, o describir lo que ves. Por otro lado, la Intuición significa que una persona cree principalmente en la información recibida del mundo interno. Este tipo de persona prefiere tratar con ideas, nuevas posibilidades o cosas más bien desconocidas.

3- Pensamiento - Sentimiento: El tercer par representa cómo una persona procesa la información. En pocas palabras, se trata de cómo una persona toma decisiones. Pensar significa que una persona toma una decisión principalmente a través de la lógica. Por lo tanto, tomará una decisión basada en la lógica objetiva, utilizando un enfoque analítico y desapegado. Sentir significa que una persona toma una decisión basada en la emoción. Las personas que pertenecen al tipo de sentimiento tomarán una decisión basándose en lo que creen que deben hacer, o en lo que creen que es importante.

Juicio - Percepción: El último par refleja cómo una persona pone en práctica la información que ha procesado. Juzgar significa que una persona organiza todos los acontecimientos de su vida y, por regla general, se ciñe a sus planes. Prefieren que todo esté bien planificado y estructurado. Percibir significa que la persona tiende a improvisar y a explorar opciones. Por lo general, prefieren dejarse llevar por la corriente, mantener la flexibilidad y responder a las cosas según vayan surgiendo.

Las cuatro características se convierten en un código de 16 letras diferentes para distinguir los tipos.

Los 16 tipos de personalidad: A continuación se presentará una visión general de los dieciséis tipos de personalidad.

INTJ - El arquitecto: Pensadores originales, analíticos y estratégicos. Los INTJ tienen la capacidad de convertir teorías abstractas en planes sólidos. Valoran el conocimiento y la competencia, y se dejan llevar por sus visiones. Pueden ser exigentes cuando se trata de su propio desempeño o el de otros, y eso los convierte en líderes naturales. Los INTJ están orientados a las tareas y trabajan intensamente para convertir sus visiones en realidades.

INTP - El lógico: Pensadores innovadores, lógicos y creativos. Los INTP tienen una sed insaciable de conocimiento y pueden entusiasmarse mucho con las teorías e ideas. Valoran el conocimiento, la competencia y la lógica.

Los INTP quieren dar sentido al mundo, y naturalmente cuestionan y critican las ideas mientras se esfuerzan por comprenderlas.

ENTJ - El comandante: Líderes asertivos, audaces y estratégicos, los ENTJ se sienten impulsados a liderar.

Para los ENTJ la fuerza motriz de sus vidas es su necesidad de analizar y poner en orden el mundo exterior de los acontecimientos. Valoran el conocimiento y la competencia, y tienen una excelente capacidad para comprender los problemas organizativos difíciles.

Prefieren un mundo estructurado y organizado, y destacan en el razonamiento lógico.

ENTP - El debatiente: Pensadores curiosos y creativos, los ENTP se emocionan por ideas frescas, nuevas personas o actividades novedosas. Estos pensadores disfrutan los debates, ya que estos les ayudan a encontrar patrones y sentido en el mundo.

Los ENTP son personas energéticas y entusiastas que llevan vidas espontáneas.

INFJ - El defensor: Idealistas silenciosos, originales y sensitivos, los INFJ prestan atención a las posibilidades e ideas del mundo interior. Son extremadamente intuitivos, y regularmente manifiestan una preocupación profunda por las personas y las relaciones.

INFP - El mediador: Idealistas silenciosos y reflexivos, los INFP tienen bien desarrollado su sistema de valores y se esfuerzan a vivir de acuerdo en este. Son idealistas, y siempre miran hacia hacer de este mundo un lugar mejor. Son de mente abierta y no son juiciosas, pero reaccionarán a alguna violación de sus creencias.

ENFJ - El protagonista: Líderes carismáticos e inspiradores, con un excelente don para tratar y relacionarse con las personas. Los ENFJ se centran en ayudar a las personas a aprender y crecer. Lo ven todo desde el punto de vista humano y eso les convierte en mentores naturales. A veces, incluso pueden anteponer las necesidades de los demás a las suyas propias.

ENFP - El activista: Espíritus creativos y entusiastas, quienes piensan que encontrar la felicidad es su misión. Tienen un gran don para tratar y relacionarse con las personas y acogen las relaciones con profundidad e intensidad emocional. Los ENFP suelen tener una amplia gama de intereses y habilidades, y pueden entusiasmarse con nuevas ideas.

ISTJ - El Logístico: Los ISTJ son personas prácticas, constantes y fiables. Bien organizados y trabajadores, trabajan con constancia para conseguir sus objetivos.

Los ISTJ suelen ser convencionales y prefieren los hechos probados a las ideas y los resúmenes o las teorías no probadas. Son extremadamente minuciosos, respondones y fiables.

ISFJ - El defensor: Dedicados y cálidos, los ISFJ siempre están dispuestos a defender o apoyar a sus seres queridos. Son extremadamente perceptivos de los sentimientos de los demás y suelen anteponer las necesidades de los demás a las suyas propias.

Se sienten seguros en las tradiciones y costumbres. Suelen ser muy humildes y mantienen un perfil bajo en todo momento.

ESTJ - El Ejecutivo: Práctico, tradicional y organizado. Saben dominar una situación y tomar las riendas para conseguir los resultados deseados. En otras palabras, son muy buenos para gestionar personas o situaciones. Siguen las reglas y cumplen las normas, y tienen una visión clara de cómo deben ser las cosas.

ESFJ - El Cónsul: Cordiales, sociables y organizados, a los ESFJ les encanta estar rodeados de gente y siempre están interesados en servir a los demás. Valoran las tradiciones y la seguridad, y tienen ideas bien definidas de cómo deben ser las cosas, por lo que a veces pueden ser juiciosos.

ISTP - El Virtuoso: Audaces, analíticos y prácticos, a los ISTP les gusta encontrar la lógica y el orden en la tecnología, por lo que suelen ser buenos con las cosas mecánicas. Son un poco complicados en sus deseos.

Les gusta entender la aplicación práctica de las cosas y cómo se pueden utilizar. Suelen disfrutar de los deportes extremos y las aventuras emocionantes.

ISFP - El aventurero: Artistas serios, sensibles y amables, los ISFP no juzgan y son tolerantes con la gente. No les gustan los conflictos, por lo que no suelen hacer nada que pueda resultar conflictivo. Son originales y creativos, y buscan la belleza estética. En lugar de ser un líder, los ISFP prefieren desempeñar un papel de apoyo.

ESTP - El emprendedor: Enérgicos, dominantes y orientados a la acción, los ESTP disfrutan de verdad viviendo al límite. Los ESTP prefieren "hacer" que cualquier otra cosa y se centran en los resultados inmediatos. Son aventureros que asumen riesgos y llevan un estilo de vida acelerado. Pueden aburrirse fácilmente cuando no están haciendo algo emocionante.

ESFP - El animador: Espontáneos, enérgicos y divertidos, los ESFP están orientados a la gente y son amantes de la diversión.

Les gusta ser el centro de atención en las situaciones sociales. Son muy entusiastas de la vida y hacen que las cosas sean más divertidas para los demás con su disfrute.

Ahora que has leído la lista completa de los 16 tipos de personalidad, estoy seguro de que tienes una idea más clara de los tipos de personalidad que existen. Espero que hayas podido hacer el test y descubrir cuál es tu propio tipo. Conocer tu tipo de personalidad es importante porque entenderte a ti mismo tiene un impacto significativo en lo que eres y en lo que quieres llegar a ser.

Todos los tipos son iguales: El objetivo de conocer el tipo de personalidad es comprender y apreciar las diferencias entre las personas. Como todos los tipos son iguales, no existe el mejor tipo.

El instrumento MBTI clasifica las preferencias y no mide los rasgos, la capacidad o el carácter.

. . .

El instrumento MBTI es diferente de muchos otros instrumentos psicológicos y también de otros tests de personalidad.

La mejor razón para elegir el instrumento MBTI para descubrir su tipo de personalidad es que cientos de estudios realizados en los últimos 40 años han demostrado que el instrumento es válido y fiable. En otras palabras, mide lo que dice que mide (validez) y produce los mismos resultados cuando se administra más de una vez (fiabilidad). Cuando quiera un perfil preciso de su tipo de personalidad, pregunte si el instrumento que piensa utilizar ha sido validado.

La teoría del tipo psicológico fue introducida en la década de 1920 por Carl G. Jung. La herramienta MBTI fue desarrollada en la década de 1940 por Isabel Briggs Myers y la investigación original se llevó a cabo en las décadas de 1940 y 1950. Esta investigación continúa, proporcionando a los usuarios información actualizada y nueva sobre el tipo psicológico y sus aplicaciones. Millones de personas en todo el mundo han realizado el Indicador cada año desde su primera publicación en 1962.

En qué se diferencia el MBTI de otros instrumentos:

En primer lugar, el MBTI no es realmente un "test". No hay respuestas correctas o incorrectas y un tipo no es mejor que otro. El propósito del indicador no es evaluar la salud mental ni ofrecer ningún tipo de diagnóstico.

Además, a diferencia de muchos otros tipos de evaluaciones psicológicas, sus resultados no se comparan con ninguna norma. En lugar de observar su puntuación en comparación con los resultados de otras personas, el objetivo del instrumento es simplemente ofrecer más información sobre su propia personalidad única.

Fiabilidad y validez: Según la Fundación Myers & Briggs, el MBTI cumple con los estándares aceptados de fiabilidad y validez. Sin embargo, otros estudios han encontrado que la fiabilidad y la validez del instrumento no se han demostrado adecuadamente.

Los estudios han encontrado que entre el 40% y el 75% de los encuestados reciben un resultado diferente después de completar el inventario por segunda vez.

Un libro de 1992 del Comité de Técnicas para la Mejora del Rendimiento Humano y el Consejo Nacional de Investigación sugiere que "no hay suficiente investigación bien diseñada para justificar el uso del MBTI en los programas de orientación profesional". Muchas de las pruebas actuales se basan en metodologías inadecuadas".

El principal problema de los psicólogos con el MBTI es la ciencia que lo respalda, o la falta de ella. En 1991, un comité de la Academia Nacional de Ciencias revisó los datos de la investigación del MBTI y observó "la problemática discrepancia entre los resultados de la investigación (la falta de valor demostrado) y la popularidad".

El MBTI nació de ideas propuestas antes de que la psicología fuera una ciencia empírica; esas ideas no se probaron antes de que la herramienta se convirtiera en un producto comercial. Pero los psicólogos modernos exigen que un test de personalidad pase por ciertos criterios para ser confiable. "En las ciencias sociales, utilizamos cuatro estándares: ¿Son las categorías fiables, válidas, independientes y completas?"

Algunas investigaciones sugieren que el MBTI no es fiable porque la misma persona puede obtener resultados diferentes al volver a realizar el test. Otros estudios han cuestionado la validez del MBTI, es decir, la capacidad del test para relacionar con precisión los "tipos" con los resultados en el mundo real; por ejemplo, el rendimiento de las personas clasificadas como un determinado tipo en un trabajo determinado.

· · ·

La empresa Myers-Briggs afirma que los estudios que desacreditan el MBTI son antiguos, pero sus resultados siguen perpetuando en los medios de comunicación.

Desde aquellas primeras críticas, la empresa dice que ha realizado su propia investigación para perfeccionar el test y evaluar su validez. "Cuando se analiza la validez del instrumento [el MBTI], es tan válido como cualquier otra evaluación de la personalidad", dijo a USA Today Suresh Balasubramanian, director general de la empresa.

Sin embargo, algunas de las limitaciones del test son inherentes a su diseño conceptual.

Una de las limitaciones son las categorías en blanco y negro del MBTI: Se es extrovertido o introvertido, se juzga o se siente. Esto es un defecto, porque la gente no cae limpiamente en dos categorías en cualquier dimensión de la personalidad; en cambio, la gente tiene muchos grados diferentes de la dimensión. Y, de hecho, la mayoría de las personas se acercan a la media, y relativamente pocas se sitúan en uno de los extremos". Al colocar a las personas en cajas ordenadas, estamos separando a personas que en realidad son más parecidas entre sí que diferentes".

. . .

El MBTI puede estar pasando por alto aún más matices al evaluar sólo cuatro aspectos de las diferencias de personalidad. Hace varias décadas, los investigadores de la personalidad habían determinado que había al menos cinco dimensiones principales de la personalidad, y pruebas más recientes han demostrado que hay seis. Una de esas dimensiones tiene que ver con lo honesto y humilde que es alguien frente a lo engañoso y engreído, y la otra dimensión tiene que ver con lo paciente y agradable frente a lo irascible y discutidor que es alguien.

No es del todo inútil: Algunos de los defectos del MBTI se derivan de la naturaleza compleja y desordenada de la personalidad humana. Las categorías ordenadas del MBTI hacen que la personalidad parezca más clara y estable de lo que realmente es, según David Pincus, profesor de psicología de la Universidad Chapman de California. Los psicólogos prefieren otras herramientas, como los Cinco Grandes, que evalúan la personalidad basándose en la posición de un individuo en el espectro de cinco rasgos: amabilidad, conciencia, extraversión, apertura a la experiencia y neuroticismo. Según los expertos, el modelo de los Cinco Grandes tiene un mejor historial de validación científica que el MBTI.

Sin embargo, el MBTI no es del todo inútil.

·   ·   ·

Las personas se sienten atraídas por pruebas como el MBTI por el deseo de comprenderse a sí mismas y a los demás. Las cuatro dimensiones de las que se derivan los tipos del MBTI son útiles para describir la personalidad de las personas.

E incluso cuando los resultados del MBTI no coinciden del todo con tu intuición sobre ti mismo o simplemente son erróneos, pueden aportar información. Muchas personas que han realizado el MBTI han notado este efecto. Como escribió un antiguo empleado de Bridge-water Associates (un fondo de cobertura casi tan famoso por hacer que sus empleados se sometan a pruebas de personalidad como por sus 120.000 millones de dólares en activos) en Quartz, las etiquetas del MBTI nunca parecían describir completamente a una persona. En cambio, el valor real del test parecía estar en el esfuerzo por "reconciliar las diferencias entre lo que nos dicen los resultados del test y lo que sabemos que es cierto sobre nosotros mismos".

En este sentido, el MBTI puede servir como punto de partida para la autoexploración, al proporcionar a las personas una herramienta y un lenguaje para reflexionar sobre sí mismas y sobre los demás. El test es "un portal a una práctica elaborada de hablar y pensar sobre quién eres", escribió Merve Emre, profesora asociada de inglés en la Universidad de Oxford (Reino Unido), en "The Personality Brokers", una revisión de la historia del MBTI.

En última instancia, no es la etiqueta del MBTI, sino el poder de la introspección lo que impulsa los conocimientos y, a veces, alimenta la motivación para tomar medidas para cambiar la propia condición.

El MBTI en la actualidad: Debido a que el Indicador de Tipo de Personalidad Myers-Briggs es relativamente fácil de usar, se ha convertido en uno de los instrumentos psicológicos más populares que se utilizan actualmente. Aproximadamente dos millones de adultos estadounidenses completan el inventario cada año.

Aunque hay muchas versiones del MBTI disponibles en línea, hay que tener en cuenta que cualquiera de los cuestionarios informales que se pueden encontrar en Internet son sólo aproximaciones al verdadero.

El verdadero MBTI debe ser administrado por un profesional formado y cualificado que incluya un seguimiento de los resultados.

. . .

Hoy en día, el cuestionario puede administrarse en línea a través del editor del instrumento, CPP, Inc. e incluye la recepción de una interpretación profesional de sus resultados.

La versión actual del Indicador de Tipo Myers-Briggs incluye 93 preguntas de elección forzada en la versión norteamericana y 88 preguntas de elección forzada en la versión europea. Para cada pregunta, hay dos opciones diferentes entre las que el encuestado debe elegir.

Lo que hemos aprendido:

Es importante encontrar tu tipo de personalidad porque te ayudará a entenderte mejor a ti mismo.

Con un conocimiento más profundo de ti mismo estarás mejor equipado para descubrir qué tipo de trabajo y profesión te llevará a la felicidad y a un mayor éxito.

El Indicador de tipo Myers-Briggs afirma que existen dieciséis tipos de personalidad diferentes.

. . .

Hay ocho características que nos ayudan a determinar nuestros tipos de personalidad y están emparejadas.

Cada par constituye una categoría diferente: Extraversión - Introversión, Sensibilidad - Intuición, Pensar - Sentir, Juzgar - Percibir.

Hay dieciséis tipos de personalidad muy diferentes y distintos, por lo que es importante que determines cuál se aplica a ti.

Esto puede parecer una pérdida de tiempo, pero es necesario si quieres tener todas las herramientas para dar lo mejor de ti en este proceso.

Preguntas para hacerte a ti mismo:

- ¿Qué es lo que más me motiva o impulsa a tener éxito?
- ¿Cuáles son las cinco palabras que más me describen?
- ¿Qué me hace único?
- ¿Qué es lo que más valoro?
- ¿En qué miento? ¿Por qué?

- ¿Soy una persona que asume riesgos?
- ¿Soy una persona paciente?

Estas preguntas y sus respuestas te ayudarán a explorarte a un nivel más profundo. En el próximo capítulo, se te ayudará a encontrar lo que más te interesa y se te enseñará a utilizarlo en tu elección de carrera basada en tus pasiones.

4

Encuentra tu pasión

ENCONTRAR lo que realmente te interesa puede ayudarte a superar tu miedo a lo desconocido. Mucha gente no sabe dónde está su pasión, o en qué consiste la pasión. Uno de los primeros pasos es averiguar qué te impulsa, qué te interesa, cuáles son tus ambiciones y qué hace cantar a tu corazón.

Cuando pienses en la felicidad e imagines que el sentimiento brota de ti como una caja de sorpresas, pregúntate: "¿Cuándo fui feliz por última vez?". "¿Qué estaba haciendo?" "¿Dónde estaba?" Quizá fue cuando estabas con los niños o los ancianos. ¿Fue cuando saliste de la ciudad solo o con amigos cantando a pleno pulmón? ¿Fue un momento que pasaste con la familia? ¿O tal vez fue simplemente tomar un baño en la dicha de tu propio silencio? Cuando descubras qué es lo que te hace más feliz, podrás averiguar dónde están tus pasiones y los intereses que te motivan.

Cómo identificar y perseguir tus pasiones: Siendo un entrenador personal de vida, muchas personas han venido a mí y me han preguntado: "¿Por qué es que sobresalgo en el trabajo que estoy haciendo, pero simplemente no me gusta?" Esta es una pregunta que se escucha más veces de las que te puedes imaginar.

Hay una respuesta directa a esta pregunta. Somos buenos en muchas cosas, pero no tiene por qué gustarnos lo que hacemos bien. La razón por la que la mayoría de la gente es buena en su trabajo pero se siente miserable en lo que hace es que eligió una carrera con responsabilidades que no se ajustan a su personalidad. Están haciendo cosas que han aprendido a hacer pero no tienen habilidades naturales para hacerlas. Así que aquí tienes unos cuantos pasos para encontrar tus intereses y poder vivir una vida apasionada.

1- Recuerda lo que te hacía feliz cuando eras pequeño: Cuando recordamos cuáles eran nuestros intereses cuando éramos niños, podemos relacionarlos con lo que nos gusta hacer ahora. Antes de pensar en lo que vas a hacer, recuerda a qué te gustaba jugar. ¿Era salir con tus amigos al parque de la calle? ¿Era perseguir a un perro o a una mascota? ¿Te gustaba hablar por teléfono? ¿O contar historias alrededor de la hoguera? ¿Explorabas mucho? Sea lo que sea, es fundamental que vuelvas a ponerte en contacto con esos intereses naturales para aprender más sobre lo que puedes hacer con ellos. Ahora pregúntate lo siguiente. ¿Cuáles eran tus intereses en el pasado? ¿Son los mismos ahora?

Repasemos el ejemplo de la vida de Luisa. Luisa de pequeña era muy atenta, pensativa y callada. No tenía muchos amigos, pero los que tenía eran muy buenos.

Cuando estudiaba la primaria, en el primer grado, Luisa jugaba a los astronautas con sus amigos: ellos amaban ese juego. Mientras unos piloteaban la nave espacial, otros caminaban por Marte o cuidaban de que la misión siguiera su curso desde la tierra.

Creaban y recreaban diferentes escenas de acción o se ponían a discutir y a platicar como sería el espacio en la vida real: si ahí hay agua, si se puede respirar sin casco, si se pueden tener mascotas en el espacio, en fin, una infinidad de temas. Además de tener estas horas de juego, Luisa disfrutaba ampliamente de las clases de matemáticas. Ella creía que con las matemáticas podría entender más el mundo, incluso ese mundo espacial que tanto imaginaba con sus amigos.

Si bien Luisa, al crecer, no se volvió astronauta, sí se volvió ingeniera química. No es que no haya cumplido su sueño, sino que al crecer incorporó aspectos más amplios de su realidad y de su autoconocimiento y decidió que la ingeniería química era más para ella.

Pero la semilla de estas ansías de entender más el mundo, de curiosidad, imaginación, de interés por las matemáticas estuvo presente en su vida desde la niñez.

Aquella niña que quería entender más el mundo ya lo está haciendo.

Lo importante es que, no solamente recuerdes las vivencias de tu niñez, sino que lleves esas experiencias a tu presente.

2 - No pienses mucho aún en cuánto va a ser tu ganancia monetaria: Si el dinero no fuera una opción y todos viviéramos mediante trueques, o si el dinero no existiera, ¿cómo pasarías tu tiempo? ¿Estarías con sus hijos? ¿Viaja-

rías? ¿Serías investigador? ¿O ayudarías a tus vecinos convirtiéndote en un ciudadano amable? La cuestión es que si te centras en cuánto dinero vas a ganar en comparación con otros trabajos, probablemente te quedarás atascado haciendo lo que no te gusta.

Además, ten en cuenta que no solo de dinero subsiste el ser humano. Imagina las experiencias que tendrías al hacer lo que te apasiona, las personas y los lugares que podrás conocer, los conocimientos que podrás tener y la felicidad a tu alcance. Eso sí, Sé realista, si bien el dinero no lo es todo, sí es importante. Por eso es necesario que haga un balance entre un idealismo y un realismo: el justo medio será perfecto para que lleves a cabo los planes de tu vida de la mejor opción posible.

3- Pide consejo a tus amigos y familiares: Nadie nos conoce mejor que aquellos de los que nos rodeamos mientras crecemos. Busca la opinión y el apoyo de aquellos con los que te relacionas. Tus amigos y familiares te contarán historias y compartirán recuerdos sobre lo que te divertías haciendo. Aprovecha un día y llévalos a comer. Crear vínculos también es una gran habilidad para tener en cualquier escenario o interés.

Tus familiares y amigos quizás no sean expertos en los temas que te interesan, pero en lo que sí te pueden ayudar es compartiendo sus experiencias de vida. Tu padre también tuvo que pasar por un procedimiento muy parecido al tuyo: tuvo que prepararse, conseguir trabajo; seguramente ha sufrido ansiedades y pensamientos negativos muy parecidos a los tuyos. ¡Escúchale! de seguro tiene algo que decirte. Lo mismo con tu madre, abuelos y abuelas. Cada experiencia de vida es individual e incomparable, pero compartiendo puedes encontrar paralelismos y quizás otras experiencias te puedan ayudar en tu propia experiencia.

Algo similar pasa con las amistades.

La mayoría de las veces nuestros amigos tienen la misma edad que nosotros o una cercana. Es muy probable que estén viviendo una situación muy parecida a la tuya: acércate a ellos, dialoguen, ¡juntos quizás encuentran las respuestas o soluciones a sus propios problemas! Lo importante es el diálogo y la transparencia y honestidad en las relaciones.

4- Lee el catálogo de cursos de la universidad: Si sigues atascado y no tienes ni idea, prueba a echar un vistazo al catálogo de cursos. Si ves algo que despierta tu interés, investiga sobre el resultado final de trabajar realmente un día en la vida de este. Mientras lees el catálogo, pregúntate en qué te sentirías cómodo enseñando si lo supieras todo. Qué temas te asustan y cuáles te parecen demasiado fáciles. Una vez que encuentres un interés, habrás encontrado algo en lo que incursionar y ver si realmente te gusta.

En este paso es importante que no ahogues o pares tu imaginación. No te autolimites. Si una carrera te interesa, investígala, incluso si se te hace muy poco probable que llegues a incursionar en ella.

5- Descubre a tu héroe que te inspire: Pregúntate a quién admiras más en este mundo. ¿Es la cantante Nathy Peluso? ¿El presentador de un programa de entrevistas, Omar Chaparro? ¿Es tu dermatólogo? ¿Tal vez sea tu estilista? Sea lo que sea, o quien sea, una vez que lo encuentres, el siguiente paso es preguntarle cómo ha llegado a donde está. ¿Qué pasos han tenido que dar y, sobre todo, si les gusta lo que hacen?

Busca en internet entrevistas que le hayan hecho, revisa todo su material artístico o técnico, investiga que dice las otras personas sobre de ellos: es importante que te vuelvas cercano a esa figura heroica, aunque esta no tenga ninguna noticia de ti.

. . .

Si no es posible ponerte en contacto con ellos, investiga lo que puedas sobre ellos. Busca cosas como hojas de datos y sobre la posición que ocupan tus ídolos. ¿Cómo han llegado hasta ahí? Una vez que recojas toda la información, pregúntate: "¿Cómo puedo relacionarme con esto?" y "¿Me veo en este campo?".

6- Piensa en lo que te gusta hacer y en lo que también eres bueno: Después de todo, concluye todos los datos que has recogido. Tras examinar detenidamente la información que te han proporcionado, piensa en lo que has aprendido. Limita tus búsquedas a las cosas que te gustan y te interesan. Escribe qué aficiones te gustan, ya sea jugar con animales, cuidar de los niños, hacer manualidades, hornear o inventar cosas.

Después, vuelve a reducir la búsqueda a las tres o cuatro cosas que más te interesan.

Para ayudarte en este último punto, te recomendamos que escribas las cosas que te gustan y te interesen en una hoja de papel. Haz la misma lista, pero ahora sobre las cosas que sabes hacer. Es importante que estas dos listas tengan una jerarquía. Mientras más te guste y te interese algo más arriba estará en la lista. Lo mismo con las cosas que sabes hacer.

· · ·

Cuando termines tus dos listas, compara: ¿qué similitudes hay entre las dos listas? ¿Hay alguna cosa que esté hasta arriba en ambas listas? ¿cuál es y por qué?

Este recurso te ayudará como guía visual y organizacional de tus pensamientos e intereses.

Lo que hemos aprendido: Este capítulo ha sido corto, pero hemos aprendido lo siguiente dentro de los pasos para encontrar nuestros intereses:

La mayoría de nosotros, en algún momento de nuestra vida, acabamos haciendo algo para ganarnos la vida que no se corresponde con aquello para lo que estamos naturalmente orientados.

Para ganarnos la vida, aprendemos habilidades que necesitamos para hacer nuestro trabajo, pero eso no significa que seamos felices utilizándolas. Es natural que prefiramos utilizar nuestras habilidades e intereses naturales.

En el camino, es posible que hayas olvidado lo que te apasiona. Intenta recordar lo que te entusiasmaba de niño. Sí, el dinero es importante, pero no lo es todo.

. . .

No hagas que el dinero sea un factor cuando consideres tus pasiones.

Tus amigos y tu familia son los que mejor te conocen, así que pídeles su opinión sobre lo que creen que puede entusiasmarte.

Hojea el catálogo de cursos de la universidad para inspirarte. No te olvides de los cursos nocturnos, ¡nunca se sabe lo que puede llamar tu atención!

¿A quién admiras más? ¿Qué pasiones coinciden más con las tuyas? ¿Cómo lo han conseguido y qué consejos puedes tomar de su enfoque?

No te centres sólo en lo que se te da bien, sino también en algo que realmente disfrutes. Así que, ahora que hemos aprendido a encontrar tus intereses, voy a darte una serie de preguntas para que te hagas a ti mismo y puedas profundizar un poco más.

Preguntas para hacerte a ti mismo:

- Cuando era niño, ¿qué me gustaba?
- Cuando era más joven, ¿qué quería llegar a ser?
- Ahora mismo, ¿qué es lo que me entusiasma?
- ¿Pensando qué cosas pierdo la noción del tiempo?
- ¿Sobre qué me encanta leer, investigar o soñar despierto?
- ¿Qué es lo que más me divierte?
- Si pudiera hacer una cosa durante el resto de mi vida, ¿qué sería?
- ¿Me encantaría? ¿Con qué facilidad me aburriría? Si no existiera el dinero, ¿qué haría con mi tiempo?

Ahora que hemos hablado de lo que te interesa, es el momento de profundizar en las oportunidades de lo que te hace grande. Es el momento de preguntarte qué es lo que te esfuerzas en hacer y qué te hace bueno haciendo esas cosas.

5

¿En qué eres bueno?

¿EN QUÉ SOY BUENO? Esta es una pregunta que se hace la mayoría de la gente. Después de vivir una vida llena de experiencias y analizar lo que nos hace felices y lo que nos entristece, uno cree que lo sabría. Pero encontrar lo que se nos da bien no es tan sencillo. Requiere de mucha preparación previa. Es clave que trates de ser, sobre todo, amable contigo mismo.

Piénsalo: muchas personas tienen trabajos que odian porque no han encontrado su verdadera pasión. Son buenos en algunas cosas y eso es lo que hacen, pero no pueden decidir cuál es esa gran cosa que quieren hacer para siempre.

· · ·

A muchas personas les costó años y mucha práctica ver en qué eran buenos. Tomemos el ejemplo de Jorge.

Cuando él fue consciente de que iba a ser padre por primera vez, Jorge supo que tenía que mantener a su nueva familia. También sabía que eso significaría ganar más dinero del que le permitía su trabajo de entrenador personal. Tenía ganas de probar a crear un nuevo negocio, algo que fuera suyo de principio a fin.

Así fue como se metió en el mundo del diseño. Probó a diseñar equipos de entrenamiento y una gama de ropa de entrenamiento. Incluso creó la marca de una nueva bebida energética que había creado. Sin embargo, todo esto no llegó a cuajar porque no se centraba en lo que realmente le apasionaba: ayudar a la gente.

La paternidad fue algo natural para Jorge, y este ni siquiera sabía que iba a ser bueno en ello antes de tener hijos. Además, los hijos no vienen con un manual de instrucciones, y se cometen muchos errores. Sin embargo, es bueno cometer errores porque no encontraremos lo que se nos da bien sin ellos.

Otra pregunta que deberías hacerte antes de descubrir en qué destacas es en qué no eres bueno. Averiguar tus puntos fuertes y débiles es el primer paso para descubrir lo que puedes y no puedes hacer. Una cosa es que te interese algo, pero si no se te da bien hacerlo, entonces te habrás preparado para una carrera decepcionante.

Encontrar tus puntos fuertes y débiles: Para identificar tus puntos fuertes y débiles, piensa en las actividades en las que más participas o que más te gustan.

Este ejercicio puede llevar unos días o incluso semanas, pero merece la pena el esfuerzo.

A continuación se te enseñará a encontrar tus puntos fuertes y débiles creando algunas listas, hablando con la gente y probando cosas nuevas. Empecemos por seguir estos tres sencillos pasos:

Paso 1: Haz dos listas de lo que amas hacer y de lo que odias hacer. Para saber en qué eres bueno, primero tienes que averiguar qué te gusta hacer. Así que empecemos por hacer una lista de estas cosas.

Piensa en lo que te gusta e igualmente en lo que no te gusta. En otras palabras, quiero que hagas dos listas: "lo que me gusta hacer" y "lo que odio hacer". Tómate tu tiempo y escribe todo lo que puedas.

· · ·

La mayoría de las veces encontrarás tus puntos fuertes y débiles en estas dos listas, sin embargo, a veces lo que te gusta hacer no equivale necesariamente a lo que se te da bien. Tus puntos fuertes son aquellas cosas por las que la gente te felicita constantemente o por las que acude a ti para pedirte consejo. Por eso puede ser muy útil buscar la opinión de otros.

Paso 2: Habla con tus amigos o familiares. El ejercicio de Reflexión sobre el Mejor Yo (RBS) es una buena manera de ayudarte a descubrir cuáles son tus puntos fuertes y débiles. Para ello, enumera nombres de personas en todos los aspectos de tu vida. Esto incluye a amigos, familiares, colegas y antiguos profesores o maestros. El tipo de personas a las que pides consejo también es importante. Busca a alguien en quien puedas confiar y con quien puedas relacionarte.

Quieres hablar con alguien que sea honesto y que haya sido honesto contigo en el pasado. Una vez que hayas decidido a quién pedirle opinión, envíale un correo electrónico o un mensaje sobre tus puntos fuertes y débiles. Te sorprenderá lo útil que puede ser este sencillo ejercicio.

· · ·

Paso 3: Experimenta cosas nuevas / Ve a la aventura.

El último paso es salir de tu zona de confort y explorar un poco más tu personalidad. Arriésgate y haz lo que no harías habitualmente. Para encontrar lo que se nos da bien, tenemos que hacer lo que creemos que se nos da bien. Pregúntate esto: ¿Cómo puedo encontrar mi pasión si no estoy dispuesto a salir y ser aventurero?

Como se explica en el primer capítulo, siempre hay tiempo.

Ahora que hemos descubierto cómo averiguar tus puntos fuertes y débiles, vamos a profundizar y ver qué podemos descubrir.

Descubre en qué eres bueno: Si has hecho los ejercicios de los capítulos anteriores, habrás hecho un test de personalidad y habrás descubierto en qué estás interesado. Las siguientes formas te ayudarán a encontrar lo que se te da bien. Empecemos.

1. Haz un test: Como acabamos de mencionar, lo primero que tienes que hacer es tomar un test de personalidad. Te recomiendo encarecidamente que te tomes unos minutos

para hacerlo primero. Por ejemplo, cuando Luis hizo su test de personalidad, descubrió que era bueno en creatividad y persuasión, y por eso es bueno en su elección de carrera de emprendedor y de ser coach de vida.

Lo ideal sería que tomaras el test con la mente tranquila. Trata de que, cuando lo respondas, estés en un ambiente tranquilo y en el cual te sientas cómodo. Esto te ayudará a que lo que respondas sea lo más fiel posible a lo que verdaderamente eres.

2. Mira hacia tu pasado: Lo que la gente no sabe es que ya sabemos lo que nos gusta hacer por nuestras experiencias pasadas. Deja de intentar averiguar lo que quieres hacer. En su lugar, reflexiona y escríbelo para que no se te olvide. Cuando los resultados de la prueba de Luis mostraron la creatividad y la persuasión, este pensó en cuando era un niño. Él era el líder de su grupo, y lo era porque era extrovertido y persuasivo.

Luis era el niño que tenía ideas creativas que todos amaban. Ahora piensa en tu infancia. ¿En qué eras bueno?

· · ·

No tienes que responder esta pregunta de forma en que la respuesta sea algún talento o habilidad, tal como "bailar", "tocar tal instrumento", "ser bueno en matemáticas", etc. Igual cuentan como respuestas "ser bueno escuchando", "ser bueno prestando atención", "ser bueno siendo ordenado": cualquier talento cuenta, y no hay talentos "mejores" ni "peores".

3. ¿Qué es lo que se te da con más naturalidad?

Concéntrate en lo que te resulta más fácil. Cuando encuentres la respuesta, esta será la definición de lo que se te da bien.

Por ejemplo, a algunas personas se les da muy bien hacer amigos, y a otras les resulta difícil ser abiertas y vulnerables. ¿Y tú? ¿Qué actividades te resultan naturales?

4. Reflexiona sobre las cosas nuevas que has probado. Cuando saliste de tu zona de confort y probaste algo nuevo, ¿qué notaste? ¿Hiciste una lista y creaste recuerdos al respecto? ¿Cuáles fueron tus sentimientos?

· · ·

¿Qué te pareció interesante de esta experiencia? Vuelve a ponerte en situación y concéntrate en aquello que se te daba bien y que no sabías que eras.

5. Piensa en tu elemento. ¿Has pensado alguna vez en tu elemento? Piensa en el momento en que te sentiste más a gusto haciendo algo. Este es tu elemento. Esto es en lo que puedes destacar.

Lo que hemos aprendido:

Descubre en qué eres bueno averiguando cuáles son tus puntos fuertes y débiles.

Empieza por hacer dos listas: lo que te gusta hacer y lo que odias absolutamente hacer. A partir de ahí podrás determinar tus puntos fuertes y débiles.

Utiliza la estrategia del mejor yo reflexivo y haz una lista de personas a las que puedes acudir para que te den su opinión.

No tengas miedo de ampliar tus horizontes y probar cosas que nunca habrías pensado hacer antes. Aventúrate y aprende más sobre ti mismo.

. . .

Ese test de personalidad que se ha mencionado antes, tenlo preparado y utiliza los resultados para ayudarte.

Las nuevas experiencias y aventuras son muy importantes, pero no te olvides de utilizar también tus experiencias.

Recuerda que disfrutarás más haciendo cosas en las que las habilidades implicadas son las que te resultan naturales y te hacen sentir más cómodo.

Cuando hayas probado algo nuevo o hayas emprendido una nueva aventura, asegúrate de reflexionar sobre ello. ¿Qué te ha gustado? ¿Qué no te ha gustado?

Preguntas para hacerte a ti mismo:

- ¿Qué viene muy fácil hacia mí?
- ¿Cuál es mi elemento?
- ¿Cuáles son mis fortalezas naturales?
- ¿Cuáles son mis debilidades? ¿En qué necesito trabajar?
- ¿Qué dicen los demás sobre mí?
- ¿Qué disfruta más ayudando a la gente?

En el siguiente capítulo aprenderemos y estudiaremos lo que te hace enojar. Abordaremos qué es lo que te hace hervir la sangre, y descubriremos formas de evitarlo.

· · ·

Sí, sé que estás confundido sobre qué tiene que ver esto con encontrar tu pasión. No te preocupes, todo se explicará en el próximo capítulo.

6

¿Qué te hace enojar?

LA IRA ES una emoción poderosa que puede hacerte perder el control si se lo permites. Por otro lado, puedes utilizarla como combustible para encender la pasión y alcanzar objetivos.

Según la Real Academia Española, esta es la definición de ira: "Pasión del alma, que causa indignación y enojo". Es decir, la ira es en estado de nuestra interior en el cual este no está de acuerdo con cierta situación; ahí surge la indignación. Nos encontramos con una situación que no nos parece, nos incomoda, la consideramos una injusticia: las cosas no deberían de ser así, nos decimos.

En un primer momento, esto quizás solo nos cause indignación, pero con el paso del tiempo, si no se restablece la situación a un estado de justicia podemos explotar. Ahí surge el enojo.

En nuestro camino para descubrir nuestra pasión, debemos de entender que cada persona es diferente.

Esto es algo bueno. La individualidad de cada persona hace que cada persona sea especial y diferente, al mismo tiempo. También, por lo tanto, cada persona tendrá un nivel diferente de ira; quizás y alguna persona se enoje más rápido o lento, o quizás no le guste expresar su enojo… en fin, hay un millón de posibilidades. Será tu trabajo autoconocerte y matizar en tu interior cómo te enojas, en cuanto tiempo, por qué lo haces, cómo lo expresas y cómo lo controlas para que así este ejercicio te facilite el camino hacia encontrar tu pasión.

La ira y la frustración pueden provenir de una herida, y muchas veces es una respuesta a una emoción.

Por ejemplo, si tienes ambición por algo, lo único que quieres es que las cosas salgan bien. Pero a veces otra persona, o algún factor externo, puede llegar a tener un efecto adverso en lo que estás haciendo. Cuando esto ocurre, es normal que te enfades. Es natural, ya que lo que hace que tu corazón lata más rápido son las cosas que te importan.

En este capítulo hablaremos de lo que te hace hervir la sangre, de lo que hace llorar a tu corazón, de lo que desearías cambiar y de los pequeños pasos que puedes dar para conseguirlo. Es importante ser completamente sinceros acerca de nuestro comportamiento. Que no te avergüences de reconocerte enojón o caprichoso. En la casa que es tu cuerpo solo vives tú, entonces, ¿quién más te podrá juzgar además de ti? Ninguna emoción y sentimiento es malo. Es malo cuando ya toma un control total de nuestra vida diaria y de nuestros hábitos. Por eso es importante que reconozcas estos sentimientos y emociones en tu interior.

Cómo identificar lo que te desencadena. Las personas se desencadenan por muchas razones.

Digamos que estás en una conversación, todo parece estar bien y luego, de la nada, empiezas a sentir temblores, aumento del ritmo cardíaco, ansiedad, desapego, y empiezas a ponerte húmedo o a sudar rápidamente. Esto sucede porque has sido desencadenado.

. . .

Puede que te hayas desencadenado por un desacuerdo, por diferentes perspectivas a través de una conversación, o puede que esté relacionado con un trauma. Esto es lo que hay que tener en cuenta cuando te has desencadenado, antes de explotar:

1. Presta atención a tu cuerpo. Tu cuerpo empezará a temblar o a sudar y empezará a empeorar gradualmente a medida que avanza la situación en la que te encuentras. Tus músculos están tensos y empiezas a sentir hormigueo o calor. Lo mejor es que te alejes y te calmes, o que aprendas a manejar lo que sea que se te presente en ese momento.

Una vez le pasó lo siguiente a Juan: Juan es fotógrafo.

Tiene 30 años y lleva un poco más de 3 años fotografiando eventos como bodas, bautizos y graduaciones.

Además de tener un trabajo como fotógrafo de eventos, también se dedica a la fotografía artística. Juan tiene en mucha estima a la fotografía. En un evento que estaba cubriendo, mientras tomaba fotos, se le acercaron a él un grupo de señores. Primero platicaron: era una charla amena. Pero después los señores empezaron a hacer comentarios despectivos acerca de la fotografía, así como "la fotografía la puede ejercer cualquier persona", "es muy fácil", "debería de ser más barata".

A Juan, como un fotógrafo profesional con más de 3 años de carrera, esto le enfureció. Pero como estaba muy inmerso en su trabajo, estando atento a capturar momentos, él no se dio cuenta de su enojo. No fue sino cuando empezó a sudar, a temblar, sus manos y cuello estaban tensos y sentía un calor insoportable.

Muchas veces podríamos no darnos cuenta de nuestro estado de enojo.

Ya sea porque estamos en un espacio social o de trabajo, podemos estar tan inmersos en el ambiente que quizás no racionalicemos nuestro enojo. Es importante estar pendiente de cómo te sientes física y fisiológicamente.

2. Vigila tus pensamientos. ¿Hay pensamientos negativos en tu cabeza? ¿Tu cerebro te dice que algo es bueno o malo, correcto o incorrecto, agradable o malvado? Cuando tus pensamientos están poniendo una etiqueta a las cosas, pueden pasar por una serie de emociones y una de ellas será la ira.

. . .

Vigila estos pensamientos y no los juzgues. Recuerda que la ira es un sentimiento natural; es una reacción necesaria de tu cuerpo. Sin embargo, este sentimiento no tiene que dominar tu cuerpo ni la mayoría de tus pensamientos. Es una línea delgada, y es indispensable tenerla en cuenta a la hora de actuar.

3. ¿Qué estabas haciendo? El enfado no proviene sólo de tu interior, sino también de tu entorno.

Piensa en lo que ha pasado o en lo que se ha dicho que te ha hecho enfadar. ¿Fue un día estresante? Tal vez discutiste con un ser querido. Sea lo que sea, asegúrate de que tu ira no proviene de ningún otro sitio.

¿Qué te hace hervir la sangre? ¿Qué te hace querer ir a defender algo? ¿Qué quieres cambiar en este mundo? Si lo piensas bien, lo que te hace enfadar es algo que te importa, y probablemente lo que el mundo necesita.

Cuando te paras y prestas atención a cómo te hace sentir algo, puedes encontrar lo que te importa, lo que te entusiasma y lo que te apasiona.

. . .

¿Te sientes frustrado cuando el tráfico es malo? ¿Te molestan los cachorros que son abandonados? ¿No soportas los plásticos de un solo uso?

¿Lo ves? ¡Hay oportunidades en todas partes! Averigua qué problemas son los más importantes para ti e intenta resolverlos a través de tu carrera.

Cuando empieces a escuchar tu voz interior y te centres en tus puntos fuertes, te empezará a hervir la sangre y lo sentirás.

Si sientes algo profundamente, no ignores ese sentimiento y sigue adelante con tu vida. Tienes el poder para cambiar el mundo. Deja ir tu miedo y abraza tu pasión.

Lo que hemos aprendido:

La ira puede alimentar la pasión de muchas maneras, y es importante averiguar qué es lo que te provoca. Es natural que te apasionen las cosas que te importan. La ira puede ser una demostración de esa pasión, pero hay que mantenerla bajo control.

Es importante prestar atención a lo que te dice tu cuerpo. Tu cuerpo te dirá todo lo que necesitas saber sobre cómo te sientes.

La sudoración excesiva, las sacudidas o los temblores son señales de que tu ira se ha disparado.

Es importante prestar atención a tu cuerpo y a lo que te dice, pero también escuchar tus propios pensamientos. Esto puede ser difícil, ya que se agolpan en tu mente, pero ten cuidado porque se acumulan hasta convertirse en sentimientos de ira.

Intenta averiguar de dónde procede tu ira. ¿Tu ira proviene de algo que está empezando a enturbiar las relaciones y otras áreas de tu vida?

La ira no tiene por qué ser sólo un elemento negativo. Si analizas tu enfado puedes determinar lo que significa y utilizarlo para descubrir tus pasiones.

. . .

Cuando ves que algo se hace mal, significa que esa cosa te apasiona. Ese enfado puede ser lo que te muestre lo que te apasiona.

Preguntas que debes hacerte:

- ¿Qué me provoca?
- ¿Con qué pensamientos o conversaciones hacen que me hierva la sangre?
- Si se pudiera cambiar el mundo, ¿qué es lo primero que cambiarías?
- ¿Qué pasiones tengo que me hacen enfadar?

En el próximo capítulo, hablaremos de una herramienta que, no solo te será bastante útil en la comprensión de tu enojo, sino que también te auxiliará en la búsqueda de tu pasión: el mindfulness.

7

Introducción al mindfulness

EL MINDFULNESS. Muchas cosas se han dicho de esta práctica pero, ¿cómo practicarla realmente? ¿para qué sirve? ¿en qué puede ser útil en este libro?

De seguro has oído hablar del mindfulness. Tal vez incluso hayas probado a practicar el mindfulness o hayas leído sobre su función para ayudar a controlar el estrés. No eres el único: vivimos en un mundo extremadamente acelerado y, a veces, nos olvidamos de estar atentos a nosotros mismos.

En este capítulo, veremos qué significa realmente el mindfulness y cómo puedes utilizar esta práctica en tu vida diaria. ¿Para qué sirve el mindfulness? También hablaremos de ello y, con suerte, podrás ver por qué el concepto se ha vuelto tan intensamente popular en los medios de comunicación.

¿Qué es el mindfulness? no es raro que la gente equipare el mindfulness con la meditación. Es cierto que la meditación es una forma extremadamente poderosa de practicar el mindfulness, pero eso no es todo.

Según la Asociación Americana de Psicología, el mindfulness es:

"...una conciencia momento a momento de la propia experiencia sin juicio. En este sentido, el mindfulness es un estado y no un rasgo. Aunque puede ser promovido por ciertas prácticas o actividades, como la meditación, no es equivalente ni sinónimo de ellas."

Como vemos, el mindfulness es un estado que puede ser provocado a través de la práctica.

No es algo estático, ni algunas personas "nacen más conscientes" que otras. Implica conciencia, e imparcialidad sobre lo que obtenemos de esta conciencia. En la era de las redes sociales, en la que las opiniones, los gustos y los comentarios son más que frecuentes, es fácil ver cómo la reflexión sin prejuicios puede ser un cambio bienvenido.

Otra definición proviene de Jon Kabat Zinn, que goza de un importante reconocimiento mundial por su trabajo sobre la reducción del estrés basada en la atención plena (MBSR): "La conciencia que surge de prestar atención, a propósito, en el momento presente y sin juzgar".

Esta es la definición más aceptada en la literatura profesional y académica, y quizás más descriptiva para quienes quieren empezar a practicar. Además de la conciencia, Kabat-Zinn nos dice que centremos la atención consciente en el "aquí y ahora". Es un concepto con el que la mayoría de los que practican la meditación ya estarán familiarizados, y es por ello que ambos suelen ir de la mano.

Examinando la psicología detrás de Mindfulness: Sin querer hacer un mal juego de palabras, el aumento de la concienciación pública sobre el mindfulness ha ido acompañado de un aumento de la literatura académica que examina el concepto. Esto significa que no es difícil encontrar estudios empíricos sobre la psicología del mindfulness.

· · ·

La mayoría de ellos se centran en los beneficios de la práctica del mindfulness, en los que profundizaremos en breve. Por el momento, tocamos brevemente algunas áreas de interés para los psicólogos positivos y clínicos por igual.

Estas incluyen:

Definir el constructo de forma operativa, es decir, encontrar una forma científicamente medible (y comprobable) de describir el mindfulness. Bishop y sus colegas (2004) examinan esta cuestión en profundidad en su artículo Mindfulness: A Proposed Operational Definition, que resume una serie de reuniones celebradas con este fin;

Beneficios del mindfulness: cómo su práctica puede ser útil para el bienestar, la calidad de vida y la salud.

Entre los temas más populares en este campo, comprensiblemente vasto, se encuentran los efectos del mindfulness en la salud física y cómo puede ayudarnos a gestionar diferentes síntomas;

Reducción del estrés basada en la atención plena: cómo la atención plena puede ayudarnos a lidiar con la ansiedad, el estrés y el TOC, entre otros. Un estudio fundamental en este campo fue el realizado por Shapiro y sus colegas (1997), que analiza cómo los estudiantes de medicina y de premédica utilizaron la MBSR para hacer frente al estrés; y

Terapia cognitiva basada en el mindfulness, que examina el papel de la atención plena en el tratamiento de la depresión y los trastornos del estado de ánimo.

Y, por supuesto, hay muchos, muchos profesionales que buscan constantemente desarrollar, refinar y aplicar los beneficios psicológicos del mindfulness en áreas nicho.

Comencemos con una mirada a cómo el mindfulness llegó a ser un tema tan influyente en tantas áreas de la práctica.

Historia y origen del mindfulness: Una de las numerosas razones por las que Jon Kabat-Zinn está tan ampliamente vinculado al concepto de mindfulness es porque generalmente se acepta que reimaginó las prácticas de contemplación budistas para una era secular hace casi 40 años. Solo por esta frase, ya sabemos dos cosas.

. . .

Primero, que las prácticas de mindfulness existen desde hace mucho tiempo. En segundo lugar, podemos rastrear al menos una gran parte de su popularidad actual en el mundo occidental hasta el trabajo del Dr. Kabat-Zinn en MBSR.

La propia historia de Kabat-Zinn es, cuando menos, inspiradora, y un buen punto de partida.

Cuando era estudiante del MIT, conoció las filosofías budistas al conocer a Philip Kapleau, un practicante del zen que dio una charla en el Instituto. A continuación, pasó a desarrollar la MBSR en un entorno científico, aportando su aprendizaje de muchos años de enseñanza de la meditación al campo. En 1979, fundó la Escuela de Reducción del Estrés de la Clínica Médica de la Universidad de Massachusetts, donde la MBSR pasó a primer plano.

A medida que el concepto fue ganando adeptos, Kabat-Zinn publicó un libro muy popular titulado Full Living Catastrophe, que también desempeñó un papel importante a la hora de hacer que la práctica del mindfulness y la meditación fueran mucho más accesibles a los círculos mayoritarios. Inspirados por las innumerables aplicaciones seculares del mindfulness, los practicantes de todo el mundo han adoptado la práctica tanto en entornos especializados como en contextos cotidianos.

. . .

Entonces, ¿qué hemos tomado exactamente del budismo? Echemos un vistazo.

Una rápida mirada a la atención plena y al budismo:

La Insight Meditation Society, donde Kabat-Zinn ha estudiado y enseñado la práctica de mindfulness, describe tres propósitos de la meditación de mindfulness en su contexto budista.

1. Conocer la mente: Una de las enseñanzas de Buda es que, como humanos, creamos sufrimiento y problemas en nuestra propia mente. Se cree que nuestro sentido del "yo", o de quiénes somos, está muy influenciado por actividades como el egocentrismo, el apego y la discriminación.

Cuando practicamos la reflexión sin juzgar, podemos descubrir más sobre nuestras motivaciones, nuestros sentimientos y reacciones, ser más autoconscientes y, sobre todo, para fines de este libro, podrás descubrir más sobre tus pasiones. Es decir, podemos llegar a estar en sintonía con lo que estamos pensando, con un enfoque global en el "saber", en lugar de juzgar.

. . .

2. Entrenar la mente: Como probablemente habrás adivinado, esta conciencia forma parte de tener la poderosa capacidad de entrenar y dar forma a nuestra mente. (Sólo a modo de apunte, es posible que reconozcas aquí algunas fuertes similitudes con las actividades de reencuadre cognitivo dentro de la TCC de forma más general).

Cuando nos volvemos más "conocedores" de nuestros pensamientos, sentimientos y motivaciones, entre otras cosas, podemos explorar formas de ser "más amables, indulgentes y espaciosos con nosotros mismos", además de ser más libres de tomar decisiones y de conocernos más a profundidad.

Podemos fomentar la capacidad de estar más relajados a pesar de lo que ocurre a nuestro alrededor, cultivar el desarrollo de la generosidad, la virtud ética, el valor, el discernimiento y la capacidad de liberar el aferramiento.

3. Liberar la mente: Liberar la mente se basa en la "capacidad de soltar el aferramiento" que acabamos de mencionar.

El no juicio es una parte importante de la filosofía budista, y el tercer propósito es practicarlo contigo mismo. Nos desprendemos de los pensamientos y prácticas no beneficiosas a las que nos aferramos, como la ira, el juicio y otras "contaminaciones de visita". Esto nos ayuda a ver con claridad, a dejar pasar las emociones no deseadas y a permanecer relajados mientras nos abrimos a más de lo que es positivo.

Si esto suena como algo que te beneficiaría, puede que te interese saber que también hay beneficios empíricamente demostrados de la práctica del mindfulness.

7 beneficios según la psicología: La práctica del mindfulness se ha asociado a numerosos beneficios, y la popularidad del tema en la psicología positiva significa que probablemente veremos muchos más.

Los siguientes son sólo algunos ejemplos de lo que la psicología ha demostrado.

1. Mejora de la memoria de trabajo: Según un estudio realizado por Jha y sus colegas en 2010, la meditación del mindfulness se ha vinculado empíricamente con una mayor capacidad de memoria de trabajo. Comparando muestras de participantes militares que practicaron el entrenamiento de meditación de atención plena durante

ocho semanas con los que no lo hicieron, Jha et al. (2010) encontraron pruebas que sugieren que el entrenamiento de mindfulness ayudó a "amortiguar" las pérdidas de capacidad de la memoria de trabajo.

Además, descubrieron que la capacidad de la memoria de trabajo también aumentaba cuando el primer grupo practicaba la meditación de mindfulness. Estos participantes también informaron de un mayor afecto positivo y un menor afecto negativo.

2.Mayor conciencia metacognitiva: En términos sencillos, esto describe la capacidad de separarse de los propios sentimientos y procesos mentales, de dar un paso atrás y percibirlos como sucesos transitorios y momentáneos, en lugar de "lo que somos". En el sentido budista, esto se relacionaría con el "conocimiento" y la "liberación" de la mente.

En cuanto a la psicología empírica, se describe cómo se ha hipotetizado que el mindfulness disminuye los patrones de conducta de pensamiento negativo, aumenta la conciencia metacognitiva y el descentramiento. A su vez, esto puede tener un efecto positivo para ayudar a evitar recaídas en la depresión.

. . .

3. Niveles más bajos de ansiedad: La MBSR ha sido examinada en una gran cantidad de ensayos aleatorios y controlados que encuentran apoyo a su impacto en el alivio de los síntomas de ansiedad. Vøllestad y sus colegas, por ejemplo, encontraron que los participantes que completaron la MBSR tuvieron un impacto positivo de mediano a grande en los síntomas de ansiedad.

También se han encontrado resultados similares en estudios sobre el trastorno de ansiedad social (TAS).

Por ejemplo, el de Goldin y Gross (2010), quienes encontraron evidencia que sugiere que el entrenamiento MBSR en pacientes con TAS ayudó a mejorar en los síntomas de ansiedad y depresión, así como en la autoestima.

4. Reducción de la "reactividad" emocional: También hay pruebas que apoyan el papel de la meditación de mindfulness en la "reactividad" emocional. En una tarea de interferencia emocional llevada a cabo por Ortner y sus colegas en 2007, se pidió a los participantes con amplia experiencia en meditación de mindfulness que clasificaran los tonos que se daban 1 o 4 segundos después de que se presentara una imagen neutra o emocionalmente molesta.

· · ·

Aquellos con más experiencia en la práctica de la meditación de mindfulness fueron más capaces de desvincularse emocionalmente, lo que significa que mostraron una mayor concentración en la tarea en cuestión incluso cuando se mostraron imágenes emocionalmente perturbadoras.

5. Mejora del procesamiento de la atención visual: Otro estudio realizado por Hodgins y Adair (2010) comparó el rendimiento de "meditadores" y "no meditadores" en tareas de procesamiento de la atención visual.

Los que practicaron la meditación de mindfulness mostraron un mayor funcionamiento atencional a través de un mejor rendimiento en las pruebas de concentración, atención selectiva, y más.

Estos resultados se corresponden con hallazgos anteriores de que el entrenamiento sistemático de meditación de mindfulness estimula mejoras en la atención, la conciencia y la emoción.

6. Reducción del estrés: El entrenamiento de mindfulness también se ha relacionado con la reducción de los niveles de estrés. Un ejemplo de evidencia empírica proviene de

Bränström et al. (2010), quienes encontraron que los pacientes con cáncer que participaron en el entrenamiento de mindfulness tuvieron una reducción significativa del estrés auto reportado que aquellos que no lo hicieron. También mostraron mayores estados mentales positivos y menos síntomas de evitación postraumática, como la pérdida de interés en las actividades.

7. Control del dolor físico: También hay investigaciones que sugieren que el mindfulness puede tener un papel en la gestión del dolor subjetivo.

Esta lista no es en absoluto exhaustiva. De hecho, hay muchos más estudios sobre temas como la reducción de la angustia psicológica, el aumento de la concentración y muchas más aplicaciones de las ideas anteriores en entornos mucho más específicos. Pero esperamos que esto sea suficiente para empezar a ver cómo el mindfulness puede ayudarnos en nuestra vida diaria.

La importancia del mindfulness y cómo ayuda: Tanto si quieres practicar el mindfulness para lidiar con la ansiedad o el estrés, como si quieres mejorar tu capacidad de atención, hay muchas pruebas científicas a tu favor.

. . .

El mindfulness puede ayudarnos a lidiar con la depresión, aumentar nuestro bienestar psicológico, controlar el dolor físico e incluso tener mejor memoria.

Cuando se trata de la forma en que pensamos y sentimos, ser conscientes de nuestras emociones nos ayuda a cambiar a una mentalidad más positiva y a trabajar para ser una persona "mejor", o al menos, más feliz.

En cuanto a las relaciones, como veremos dentro de poco, tiene implicaciones positivas en la forma de comunicarnos y relacionarnos con quienes nos rodean.

Sin embargo, todos los estudios tienen algo en común.

Esto es, que para obtener los beneficios, deberás encontrar un método de práctica de mindfulness que te funcione.

A través de la práctica, ya sea una intervención o una meditación, podemos aprender a cultivar el estado mental que nos permite estar atentos cuando sentimos que más lo necesitamos. Si eliges hacer un curso online o descargarte guiones para ayudarte sobre la marcha, ya estás en el camino hacia tu objetivo.

No te preocupes. Un poco más adelante, nos pondremos un poco más específicos, dando algunos ejemplos de cómo el mindfulness puede desempeñar un importante papel de ayuda en tu vida diaria.

Cómo puede afectar el mindfulness a nuestra salud mental: El mindfulness puede ayudarnos a mejorar nuestro bienestar mental al menos de dos maneras. La terapia y las intervenciones basadas en el mindfulness adoptan un enfoque más estructurado para abordar los síntomas de la salud mental, mientras que los enfoques menos estructurados pueden encontrarse de muchas formas y abarcan toda una diversidad de temas diferentes. Veamos brevemente ambos.

Terapias e intervenciones basadas en la atención plena: Dado que la ansiedad y la depresión son dos de las enfermedades mentales más prevalentes en el mundo, no es de extrañar que dos de las intervenciones basadas en mindfulness más conocidas se centren en abordar estos estados mentales.

. . .

La Reducción del Estrés Basada en la Atención Plena (MBSR, por sus siglas en inglés), iniciada por el Dr. Kabat-Zinn en la Escuela de Reducción del Estrés de la UMass, es un enfoque grupal. Se centra en la idea de que puede utilizarse una gama flexible de prácticas de atención plena para ayudar a las personas a afrontar las dificultades del estrés y las enfermedades mentales relacionadas con la ansiedad. Por lo general, esto implica una combinación de yoga y/o meditación de atención plena, aprovechando diferentes técnicas para aliviar el estrés.

La Terapia Cognitiva Basada en la Atención Plena (MBCT) es también un programa de grupo que se utiliza para ayudar a las personas con depresión recurrente a reducir sus síntomas y prevenir las recaídas. La MBCT incluye tanto la terapia cognitivo-conductual (TCC) como las prácticas de mindfulness, como la respiración consciente y la meditación. La aceptación es una parte central de la MBCT, ya que los participantes aprenden enfoques para reencuadrar, en lugar de eliminar, sus sentimientos.

Práctica diaria del mindfulness: Como es de esperar, muchos de los enfoques más informales para practicar la atención plena también incluyen la meditación y el yoga. También es fácil apuntarse a clases, retiros, programas y charlas, pero la forma más fácil de empezar de inmediato es probar ejercicios especiales que puedes hacer en casa.

¿Puede ayudar a mejorar nuestro bienestar?: Si los beneficios anteriores no son suficientes para convencerte, hay más formas en las que la práctica del mindfulness puede ayudarte a mejorar tu bienestar.

El mindfulness puede ayudarte a:

- Regular y expresar tus emocione
- Desarrollar y utilizar mejores estrategias de afrontamiento.
- Distraerse menos fácilmente en actividades no relacionadas con la tarea.
- Ayudar a dormir mejor.
- Practicar la autocompasión.
- Potencialmente, construir la resiliencia.

¿Puede ser perjudicial el mindfulness?: La práctica de mindfulness tiene algunas similitudes con la práctica de deportes. Adopta un enfoque responsable para cualquier práctica que elijas y, en la mayoría de los casos, estarás bien. Sin embargo, el aumento masivo del interés por el mindfulness ha provocado algunas investigaciones sobre sus posibles desventajas. Algunos de ellos son:

· · ·

Formación de falsos recuerdos. La investigación de Wilson y sus colegas (2015) proporciona resultados que sugieren que la meditación de mindfulness puede hacer que las personas sean más susceptibles a los recuerdos falsos. Es decir, los participantes que practicaron la meditación de mindfulness en el estudio mostraron algunas deficiencias en su capacidad para monitorear la realidad.

Descartando mentalmente tanto los pensamientos positivos como los malos. Otro estudio descubrió que la práctica de mindfulness de "descartar los pensamientos negativos" puede llevarnos a descartar también los positivos y fortalecedores.

Cabe mencionar que este efecto era mucho más notable cuando los participantes escribían físicamente los pensamientos y luego los desechaban, en lugar de limitarse a imaginar el escenario.

Evitar los pensamientos difíciles. Algunos practicantes pueden utilizar el mindfulness para evitar tareas más exigentes desde el punto de vista cognitivo, eligiendo retirarse a un estado de mindfulness en lugar de comprometerse con un problema en cuestión (Brendel, 2015).

. . .

Síntomas físicos y psicológicos. Algunos estudios han encontrado casos en los que la meditación de mindfulness se ha relacionado con posibles reacciones adversas. Estas incluyen desrealización, despersonalización y, entre otras cosas, alucinaciones (Lustyk et al., 2009).

Si te preocupa alguno de estos hallazgos, puede que encuentres los documentos anteriores como una lectura interesante. En general, utiliza tu mejor criterio cuando pruebes cualquier técnica nueva con la que no estés familiarizado.

¿Es lo mismo que la conciencia o la concentración? Ya hemos visto varias definiciones de mindfulness, pero es natural preguntarse en qué se diferencia de la conciencia y la concentración en general.

Según Merriam Webster (2019), la conciencia se define como:

"Tener o mostrar realización, percepción o conocimiento".

Mientras que mindfulness implica conciencia en varios sentidos, también incluye el no juicio y es (en la mayoría de los casos, al menos) una actividad consciente. Ser consciente de que hay una manzana en la mesa, por ejemplo, no significa que estemos libres de juicios sobre ella.

La concentración, por otro lado, Merriam Webster la define como:

"El estado de estar concentrado", es decir, "La dirección de la atención a un solo objeto".

Inherente a esta última definición está la idea de un enfoque intenso en un estímulo, a menudo a expensas de otros. Si suprimimos otras cosas de nuestra atención, no estamos simplemente "dejándolas existir". No podemos estar relajados y aceptar las cosas como son si estamos ocupados suprimiendo nuestra atención en otras áreas.

Lo que no es: Mindfulness vs Mindlessness: La diferencia entre mindlessness y mindfulness puede parecer obvia: en uno se presta atención y en el otro, quizás no tanto. Según Ellen Langer, que ha hecho importantes contribuciones al movimiento de mindfulness, mindfulness y mindlessness son, de hecho, conceptualmente distintos. Es decir, mindfulness describe: "...un estado de conciencia en el que el individuo es implícitamente consciente del contexto y el contenido de la información. Es un estado de apertura a la novedad en el que el individuo construye activamente categorías y distinciones".

Por otro lado, el mindlessness es: "...se caracteriza por un exceso de confianza en las categorías y distinciones trazadas en el pasado y en el que el individuo depende del contexto y, como tal, es ajeno a los aspectos novedosos (o simplemente alternativos) de la situación."

Langer describe el mindlessness como algo que suele estar tipificado por una falta (a veces completa) de conciencia, en la que el compromiso cognitivo se hace con la información que se ha recibido. Se presta muy poca atención al contexto cuando alguien está siendo "mindless", a menudo porque una pieza de información parece poco importante al principio, o se recibe como una instrucción.

3 ejemplos de habilidades de mindfulness en la vida cotidiana: Como prometimos, hemos reunido algunos ejemplos concretos de habilidades de mindfulness en el día a día. Es posible que ya estés familiarizado con algunos de ellos, o que recurras a ellos en situaciones a las que te enfrentas con frecuencia.

· · ·

1. Caminar de A a B: Basándonos en los consejos de mindfulness anteriores, hay formas en las que la conciencia y la reflexión sin juicios de valor pueden transformar las actividades más mundanas en una experiencia que hay que disfrutar. Mientras caminas hacia el trabajo o las tiendas, observa cada paso.

En lugar de dejar que tu mente se pierda en patrones o procesos de pensamiento, toma conciencia de lo que estás haciendo. Fíjate en cómo sientes cada paso, en cómo la brisa toca tu piel o despeina tu ropa. Si caminas junto a árboles o agua, escucha los sonidos y observa los colores. Experimenta todo ello con la atención puesta en el aquí y el ahora.

2. Al hablar con los demás: Utilicemos a Luis y a Juan como ejemplo de cómo la sintonización sin juicios de valor muestra la atención plena en el trabajo. Luis está descontento con Juan y trata de explicarle sus sentimientos. Aunque sus palabras salen un poco confusas y llenas de emoción, Juan puede intentar escuchar sin juzgar.

Sin reaccionar emocionalmente, y prestando atención sin elaborar una respuesta en su mente. En su lugar, puede prestar atención a lo que Luis está diciendo y responder de una manera más compasiva y significativa. En lugar de discutir sin escuchar, esto les ayuda a ambos a llegar a un resultado más productivo a la vez que profundizan en su relación y construyen confianza.

3. Antes de un gran discurso: Hablar en público puede hacer que muchos de nosotros nos sintamos intimidados, y eso está bien. Si quieres practicar el mindfulness para ayudarte a lidiar con el estrés que sientes, empieza con una respiración suave. Busca un lugar tranquilo para tomarte un momento y centrarte en lo que sientes. En lugar de centrarte en los pensamientos negativos, intenta descentrarte, es decir, acepta y reconoce que así es como te sientes, pero que eso no es lo que eres.

Puedes mover tu conciencia hacia las sensaciones físicas que estás experimentando, concentrándose en cada parte de tu cuerpo mientras dejas que se relaje. Fíjate en lo que sientes cuando tus músculos se relajan y dejan de estar estresados.

10 consejos para practicar Mindfulness: Se dijo que había maneras de empezar de inmediato. Así que, ¡vamos a sumergirnos en algunos consejos! Esperemos que estos te ayuden a empezar a practicar mindfulness:

· · ·

1. Tómate unos momentos para ser consciente de tu respiración.

Tomar conciencia de cómo tu respiración fluye hacia dentro y hacia fuera, cómo tu barriga sube y baja con cada respiración que haces.

2. Toma nota de lo que sea que estés haciendo. Mientras estás sentado, comiendo o relajándote, ¿qué te dicen tus sentidos -no tus pensamientos-?

Observa el aquí y el ahora. Si estás estirando, por ejemplo, observa cómo se siente tu cuerpo con cada movimiento. Si estás comiendo, concéntrate en el sabor, el color y los detalles de la comida.

3. Si vas a algún sitio, céntrate en el aquí y el ahora.

En lugar de dejar que tu cerebro se pierda en los pensamientos, devuélvelos al acto físico de caminar. ¿Cómo te sientes?

. . .

Presta menos atención a dónde vas y más a lo que haces al pisar y a cómo sientes tus pies. Este es un buen ejercicio para probar en la arena o en la hierba.

4. No necesitas estar haciendo algo en cada momento. Está bien sólo... existir.

Simplemente existe y relájate. De nuevo, esto es sobre el aquí y el ahora.

5. Si notas que vuelves a pensar, céntrate una vez más en tu respiración.

Puedes volver a centrarte en cómo entra y sale la respiración de tu cuerpo, y si puedes sentir que tus músculos se relajan mientras lo haces, eso es aún mejor.

6. Comprende que tus procesos mentales son sólo pensamientos; no son necesariamente verdaderos, ni requieren que actúes.

El mindfulness consiste simplemente en ser, y en estar relajado aceptando las cosas que te rodean tal y como son. Esto también se aplica internamente: es parte de conocer tu mente.

7. Intenta escuchar de una manera totalmente libre de juicios.

Puedes notar que eres más consciente de tus propios sentimientos y pensamientos. No los juzgues, simplemente acéptalos.

8. Puede que te des cuenta de que ciertas actividades te hacen desconectar. Estas son grandes oportunidades para practicar una mayor conciencia. ¿Qué estás haciendo o experimentando?

Este es un ejemplo de cómo la práctica de mindfulness puede formar parte de tu día con flexibilidad. Puedes practicar mindfulness mientras conduces, caminas, nadas o incluso mientras te cepillas los dientes.

9. Tómate un tiempo para disfrutar de la naturaleza.

· · ·

Un entorno relajante puede ayudarte a sintonizar con mayor facilidad. Además, estar en la naturaleza tiene muchos beneficios propios para el bienestar.

10. Permítase notar cuando su mente se desvía hacia el juicio. Recuerda que esto es natural y no tiene por qué formar parte de tu "yo".

Parte de la práctica de mindfulness significa liberar tu mente de prácticas como el juicio. Con el tiempo y la práctica te resultará más fácil.

11 formas en las que el mindfulness puede empoderarnos: Si te estás preguntando de qué manera el mindfulness puede potenciarnos, ¡recapitulemos!

El mindfulness puede ayudarnos a gestionar nuestras emociones y sentimientos en situaciones de estrés.

A través de la práctica, podemos aprender a descentrarnos de las "formas de ser" negativas y liberar nuestra mente.

. . .

La práctica del mindfulness nos permite dar un paso atrás y aceptar nuestros propios procesos mentales sin juzgarlos.

Puede ayudarnos a hacer frente a los sentimientos de ansiedad, e incluso a la depresión.

La práctica de mindfulness en la vida cotidiana puede llevarnos a saborear realmente las experiencias con nuevas perspectivas.

La práctica de mindfulness en las relaciones puede ayudarnos a escuchar mejor, a apreciar más a los demás y a llevarnos bien en el trabajo.

Las investigaciones sugieren que el mindfulness nos ayuda en los procesos atencionales.

Incluso podemos ser capaces de manejar el dolor físico utilizando mindfulness.

La práctica de mindfulness nos ayuda a no reaccionar instantáneamente con la emoción.

. . .

Podemos ser más conscientes de cómo practicamos la autocompasión.

El mindfulness puede ayudarnos en nuestros intentos de desarrollar la resiliencia.

Lo que hemos aprendido:

El mindfulness es una práctica y filosofía que se remonta al budismo y a las filosofías orientales.

El mindfulness es una herramienta fundamental a la hora de autoconocernos.

También, el mindfulness nos resulta utilísimo a la hora de tomar decisiones.

La disciplina del mindfulness, más que ser algo teórico, es algo que necesariamente se tiene que llevar a la práctica.

. . .

El mindfulness suspende todos nuestros juicios y nos permite sentir de manera más pura el mundo, nuestros sentires, a los demás.

En el próximo capítulo, hablaremos de cómo combinar tus intereses y las cosas que se te dan bien en una carrera apasionada.

8

Cómo transformar tu pasión en una carrera

Si ya hay algo que te apasiona en tu vida y que te llena el corazón de alegría, emoción e ilusión, ¿por qué no convertirlo en una carrera? Merecerá la pena la parte de miedo que supone hacer un cambio significativo en tu vida para comprometerte a hacer realidad tus sueños. El truco está en combinar lo que se te da bien con tus intereses y aficiones y, basándote en tu tipo de personalidad, averiguar cómo puedes convertirlos en una carrera. Lo primero que debes recordar siempre es que no debes centrarte en lo mucho o lo poco que te pagan. Al fin y al cabo, no se puede poner precio a hacer lo que te gusta.

Volvamos al ejemplo de Jorge. Para él, lo que le apasiona es el placer que le produce ayudar a la gente.

· · ·

Es esta pasión la que le ha permitido crear una carrera satisfactoria que ha abarcado muchos tipos de trabajos diferentes. Pasó de estar atrapado detrás de un escritorio en un trabajo insatisfactorio sin salida a convertirse en un entrenador personal, un padre, un empresario y un pionero del marketing digital. Su trabajo le ha llevado por todo el mundo, pero desde que dejó su trabajo de oficina el único momento en el que se sintió como un trabajo fue cuando perdió el rumbo y se centró única-mente en ganar dinero. Así es como se presenta la impor-tancia de tener pasión e inyectar tu pasión en lo que haces. Ahora vas a aprender cómo fusionar tu pasión con tu carrera.

¿Qué significa la palabra "carrera"? Para muchas perso-nas, la carrera significa la parte de la vida que tiene que ver con el empleo. Desde el punto de vista profesional, significa la suma total de los distintos empleos que se pueden tener a lo largo de la vida. Sin embargo, estas definiciones no captan totalmente el significado de la carrera.

Nos gustaría que pensaras en la carrera de una manera más amplia, que abarque toda la vida. Piensa en las decisiones que tomas sobre un trabajo o una carrera universitaria como componentes valiosos de un proceso que dura toda la vida. Cuando se ve de esta manera, la carrera puede definirse como la suma total de decisiones que dirigen tus esfuerzos educativos, sociales, económicos, políticos y espirituales y reflejan tus características de personalidad únicas y tus valores vitales básicos.

¿Qué es la toma de decisiones en la carrera? La mejor manera de entender la toma de decisiones es definir primero el término decisión. Una decisión puede definirse como el acto de elegir. Una decisión, sea o no consciente de ello, es una respuesta a una pregunta, una preocupación o un problema. Las decisiones profesionales adecuadas pueden definirse además como el proceso permanente de hacer elecciones que complementan tus atributos personales y te ayudan a realizar tus valores vitales básicos. De hecho, una decisión profesional debe tomarse con mucho cuidado, ya que influirá significativamente en su dirección, satisfacción personal y realización en la vida.

¿El desarrollo de la carrera es diferente para un adulto mayor que para una persona más joven? Aunque los fundamentos del desarrollo profesional (autoevaluación, toma de decisiones, conciencia ocupacional, exploración y puesta en práctica) son los mismos independientemente de la edad, las variaciones en la madurez y las experiencias vitales requieren enfoques diferentes. Algunos especialistas en carreras profesionales creen que la mayoría de los adultos, al igual que los niños y los jóvenes, pasan por una serie de etapas de desarrollo. En consecuencia, tienen en cuenta la etapa de la vida de una persona antes de seleccionar una estrategia de asesoramiento.

¿Qué es el éxito profesional? El éxito profesional depende realmente de cada persona. Para algunos, el éxito profesional se mide por la acumulación financiera y material. Otros basan el éxito profesional en el reconocimiento y la popularidad. Otros creen que el verdadero éxito profesional sólo se consigue ayudando a los demás o haciendo una contribución a la sociedad.

El éxito profesional puede llegar cuando se logra la satisfacción interior a través de la realización continua de lo siguiente:

Tus valores vitales más profundos y apreciados en cada una de las tareas principales (es decir, el hogar, el trabajo, la escuela y el ocio).

Tu oportunidad e inspiración para utilizar y desarrollar las habilidades actuales y deseadas.

Su entusiasmo por los logros pasados, actuales y futuros.

· · ·

Cómo convertir tus pasiones en una carrera. Antes de que puedas convertir tus intereses en una elección de carrera apasionada, vas a tener que hacer algunas cosas primero. El primer paso es pensar en tu pasión de la manera correcta. Si piensas constantemente: "Es demasiado difícil" o "No sé si puedo hacer esto", no vas a llegar a ninguna parte.

En cambio, piensa para ti mismo: "Lo tengo" y "puedo hacer todo lo que me proponga". Al cambiar tu estado de ánimo, se establece un estado positivo y de bienestar, y estarás más preparado para cumplir tus objetivos.

El siguiente paso para considerar es no tener miedo. Seguro que ahora mismo tus nervios están a flor de piel y puede que te vuelvas loco ante la idea de hacer cambios en tu vida. Puede que te estés preparando para entrar en el trabajo que haces todos los días y presentar tu dimisión y dar tu preaviso de dos semanas.

No es raro ni vergonzoso admitir que te has acobardado en el último momento y te has detenido. Pues bien, la próxima vez no te detengas. Adelante, hazlo.

· · ·

Recuérdate a ti mismo que este es tu momento, este es tu momento en la vida para ir tras lo que quieres, lo que mereces y lo que te va a hacer feliz.

Mira bien los siguientes pasos sobre cómo convertir tu pasión en una carrera:

1- Descubre tu pasión: Descubrir tu pasión es la parte fácil, aunque no lo creas. Al leer este libro, cada capítulo te ha acercado más y más a este punto, así que toma esta información y ponla en práctica ahora. ¿Sabe que hay una gran diferencia entre tu pasión y un hobby? Un hobby es algo que se te da bien y que haces en tu tiempo libre para pasar el rato. Un deseo es algo que no puedes vivir sin hacer mientras te hace feliz.

2- Determina la demanda: Una vez que hayas encontrado tu pasión, ahora es el momento de buscar un campo en el que esté tu pasión. El número de competidores no debería ser nunca un factor decisivo a la hora de elegir el área en la que se va a trabajar. El mundo es un lugar competitivo, especialmente cuando hay tantos otros que tienen el mismo interés o pasión que tú. El objetivo es estar seguro de que eres y puedes ser el mejor de todos.

3- Haz una investigación: Ahora que conoces tu pasión y el campo en el que quieres sumergirte, es el momento de investigar cómo llegar a él. Algunas carreras quieren personas motivadas y centradas, mientras que otras buscan lanzadores creativos.

Algunos jefes buscan contratar a alguien con un certificado específico, mientras que otros sólo buscan trabajadores con experiencia.

4- Haz un plan: Bien, ya tienes tu investigación y has tomado notas. Ahora dibuja un mapa sobre cómo llegar a donde tienes que estar. Incluye cosas como lo que tienes que hacer y cómo vas a llegar allí. No dejes que nada se interponga en tu camino, haz un plan B, en caso de que tu plan A no funcione.

5- Prepárate: Si quieres que un empleador te tome en serio, tendrás que cumplir con todas las credenciales que te pidan en esa línea de trabajo. Ponte en el lugar de un empresario que esté mirando tu currículum. Pregúntate si tú contratarías a esta persona. Si no, ¿por qué no? Si la respuesta es afirmativa, ¿qué hay en este currículum que no te lo pensarías dos veces a la hora de darle el trabajo? ¿Ves a dónde llega este razonamiento?

Lo que hemos aprendido:

. . .

Es posible hacer lo que te gusta para vivir.

No te detengas cuando te pongas nervioso o ansioso por hacer grandes cambios en tu vida. Sigue adelante y supera tus preocupaciones. Sí, hacer cambios puede ser desalentador, pero también debería ser emocionante.

Recuerda la diferencia entre una pasión y una afición. Una afición es lo que haces en tu tiempo libre. Una pasión es algo de lo que no puedes prescindir.

Confía en tus propias habilidades cuando se trata de tus pasiones. Un mercado saturado no debería impedirte seguir tu pasión como carrera, pero sé consciente de la demanda que existe para tus habilidades.

Investiga qué necesitas y qué tienes que hacer para tener éxito en tu campo. ¿Necesitas un certificado? ¿Necesitas más formación?

Con la investigación en la mano, elabora un plan sobre cómo vas a conseguir tu objetivo.

. . .

Si quieres que los empresarios te tomen en serio, es conveniente que sigas todos los pasos necesarios para parecer lo más profesional posible.

Preguntas para hacer a ti mismo:

- ¿Qué harías si no tuvieras limitaciones?
- ¿Qué es lo que he querido hacer, pero no lo he hecho por miedo?
- ¿Qué pequeños pasos puedo dar ahora mismo para convertir mi pasión en una profesión?
- ¿Cuáles son los diferentes campos que rodean mi pasión?
- ¿Qué campo me interesa?
- ¿En qué seré bueno?
- ¿Qué habilidad de esta carrera que me apasiona se me daría naturalmente?

En el próximo capítulo, aprenderemos cómo nuestros miedos nos impiden avanzar. Se te enseñará cómo superar estos miedos para que puedas tener éxito haciendo lo que te gusta.

9

Enfrentándote a tus miedos

EL MIEDO se nos inculca de forma natural. Nos ayuda con nuestras creencias instintivas y puede impedir que hagamos cosas perjudiciales. El miedo es algo que tenemos para compensar la falta de conocimiento. Por ejemplo, debes saber que no debes poner la mano sobre un quemador al rojo vivo para evitar una quemadura de tercer grado. Esto es miedo. Este miedo es aceptable y lo necesitamos para sobrevivir. Es cuando el miedo se apodera de nosotros cuando se convierte en un problema.

Cuando el miedo se apodera de nosotros, nos impide hacer algo positivo para nosotros mismos.

Por ejemplo, cuando tienes que hacer una presentación, pero te da miedo hablar en público, así que lo pospones y

lo dejas para más adelante y obtienes una mala calificación en el trabajo. Digamos que quieres irte de vacaciones, pero tu miedo a volar es tan abrumador que lo
pospones y sacrificas tu lado aventurero porque te rindes
al miedo a volar.

Hacer algo nuevo siempre va a provocar aprensión y
miedo, pero tienes que superarlo si quieres hacer cambios
significativos en tu vida. Recuerda que nadie dijo que este
proceso fuera fácil. Si perseguir tus pasiones fuera fácil,
todo el mundo lo estaría haciendo. La mayoría de las
personas que conoces deciden no perseguir sus pasiones
porque es mucho más fácil quedarse con el trabajo
aburrido que han tenido durante años. Saben lo que
hacen y no hay riesgo alguno. Como humanos, tenemos
miedo a los cambios y a los riesgos, pero también nos
sentimos atraídos por ellos, así que vive la vida al
máximo, ¡y ve a por ello!

Acciones para dejar ir el miedo: El miedo funciona de dos
maneras: puede retenerte o impulsarte. Aquí tienes tres
formas de superar el miedo y hacer lo que te gusta.

1- Haz menos. Sé más: Algo que debes preguntarte es
que si sólo tuvieras 24 horas de vida, ¿qué harías con tu
tiempo? ¿Y cómo estarías en los minutos que te quedan?
¿Por qué esperar a estar en el lecho de muerte para

responder a estas preguntas? Respóndelas ahora y márcate objetivos que cumplir antes de llegar al final de tu vida.

2- Planea menos. Vive más: Estoy felizmente casado y he viajado a más de treinta países de todo el mundo. No lo planeé, simplemente ocurrió. No esperaba ser un empresario de éxito. Simplemente di los pasos necesarios para conseguirlo. Esto es un ejemplo. Cuando planeas, los planes pueden fallar. Cuando vives, vives el momento tomando los desafíos como vienen. No dejes que el miedo te impida vivir.

3- Retén menos. Crea más. Muchas veces nos encontramos intentando controlar lo incontrolable. Cuando aprendemos a dejar ir lo que no se puede arreglar o controlar, aprendemos a ser más creativos con las cosas que podemos controlar. Tener este estado mental aleja nuestros pensamientos temerosos y nos ayuda a darnos cuenta de quiénes estamos destinados a ser.

Sin juicios ni etiquetas. Simplemente aprende a afrontar las cosas como vienen.

Formas de afrontar tus miedos: El miedo a menudo te frena. Es hora de salir de ese estado mental y luchar contra él. Aquí tienes algunas formas de enfrentarte a tus miedos y disfrutar de la vida asumiendo más riesgos.

1. Sé consciente del miedo al que te enfrentas. No tienes que enfrentarte a todas tus preocupaciones a la vez. Ahora mismo, intenta centrarte en el miedo que te impide vivir tu pasión. Siéntate a solas contigo mismo y piensa realmente qué miedos te impiden vivir una vida plena. Escribe una lista con los pros y los contras de esos miedos. A continuación, piensa en cómo podría ser tu vida si te enfrentaras a ellos.

2. Pregúntate sobre los riesgos. Es bueno tener en cuenta que sólo porque algo parezca aterrador, no significa que lo sea. Investiga sobre tus mayores temores. Cuanto más sepas sobre algo, menos miedo te dará.

3. Terapia de exposición. Para superar un determinado miedo, debes estar dispuesto a enfrentarte a él poco a poco. Por ejemplo, si te da miedo hablar en público, ponte primero delante de un espejo y habla contigo mismo durante unos minutos. A continuación, practica delante de alguien y luego de unos pocos a la vez y finalmente en público ante un par de personas y así sucesivamente. Con el tiempo, descubrirás que tus miedos ya no pueden controlarte. Si te da miedo hablar con la gente,

poco a poco abre tu círculo social y empieza a empatizar con nuevas personas. Después de un tiempo de hacer esto conscientemente dominarás el arte de la charla y podrás hablar con cualquier persona.

Prueba para acudir a un terapeuta: Si tus miedos son debilitantes, no tienes mucho éxito a la hora de enfrentarte a ellos por tu cuenta, o tu miedo puede estar relacionado con una condición de salud específica, como un trastorno alimentario, un trastorno de ansiedad social o un TEPT, puedes buscar la ayuda de un profesional de la salud mental de confianza. Si tienes una fobia específica, que es un trastorno de ansiedad persistente y diagnosticable, puede que no te sientas preparado para vencer tus miedos por ti mismo.

Un terapeuta cognitivo-conductual puede ayudar a desensibilizarte de tus miedos paso a paso. La mayoría de los profesionales de la salud mental se sienten cómodos tratando una variedad de miedos y fobias que van desde el miedo a hablar en público hasta la aracnofobia.

El tratamiento puede consistir en hablar de lo que te asusta, practicar estrategias de relajación y controlar tu ansiedad mientras te enfrentas a tus miedos. Un terapeuta puede ayudarle a ir a un ritmo que le resulte cómodo y saludable.

· · ·

El tratamiento para afrontar los miedos puede incluir:

Terapia de exposición (terapia de inmersión): El principio subyacente de la terapia de exposición es que, a través de la práctica y la experiencia, te sentirás más cómodo en situaciones que de otro modo evitarías.

Teoría psicoanalítica: El psicoanálisis pretende curar el miedo o la fobia desenterrando y resolviendo el conflicto original.

Terapia de aceptación y compromiso (ACT): La terapia de aceptación y compromiso consiste en aceptar los miedos para que sean menos amenazantes y tengan menos impacto en la vida.

Por qué puede ser peor evitar los miedos: Aunque evitar las situaciones que temes puede hacerte sentir mejor a corto plazo, la evitación puede provocar un aumento de la ansiedad a largo plazo. Cuando evitas completamente tus miedos, le enseñas a tu amígdala (el centro del miedo en tu cerebro) que no puedes manejarlos.

Por el contrario, enfrentarse gradualmente a tus miedos, en pequeñas dosis que no te abrumen, puede ayudar a disminuir la ansiedad "habituando" a tu amígdala, o dejando que tu cerebro se acostumbre al miedo.

Según un estudio con animales publicado en la revista Science, el cerebro tiene que experimentar una exposición repetida al miedo para superarlo.

Los investigadores colocaron a los roedores en una pequeña caja y les dieron una leve descarga. Luego, durante un largo periodo, colocaron a los mismos roedores en una caja sin administrarles descargas. Al principio, los ratones se quedaban paralizados, pero con la exposición repetida eran capaces de relajarse. Aunque la investigación con animales no es directamente aplicable a los seres humanos, la idea que subyace al hecho de enfrentarse a los miedos pretende conseguir un resultado similar.

¿Debes enfrentarte a tus miedos? No es necesario vencer todos los miedos que se tienen. El miedo a los tsunamis puede no ser perjudicial para tu vida cotidiana si vives a 1.000 millas del océano. Pero puede ser un problema si vives en la costa y entras en pánico cada vez que oyes hablar de terremotos, tormentas o mareas altas porque crees que puedes estar en peligro, o evitas ir a unas vacaciones que de otro modo disfrutarás en un esfuerzo por evitar acercarte a aguas abiertas.

Mantén una conversación interna contigo mismo sobre lo que tus miedos te impiden hacer, y considera si es un problema que debes afrontar.

¿Están tus miedos provocando que lleves una vida menos satisfactoria que la que esperabas?

Considera los pros y los contras de no enfrentarte a tu miedo. Escríbelos. A continuación, identifica los pros y los contras de enfrentarte a tus miedos. Escribe lo que podrías conseguir o cómo podría ser tu vida si superas tu miedo.

La lectura de esas listas puede ayudarte a tomar una decisión más clara sobre qué hacer a continuación.

Miedo frente a fobia: A la hora de determinar si debes enfrentarte a tu miedo por ti mismo, es importante entender la distinción entre un miedo normal y una fobia. Cuando los psicólogos distinguen entre miedos y fobias, la diferencia clave es la fuerza de la respuesta de miedo y su impacto en la vida de la persona. Tanto los miedos como las fobias generan una respuesta emocional, pero una fobia provoca una ansiedad desproporcionada con respecto a la amenaza percibida, hasta el punto de interferir en la capacidad de funcionamiento de la persona.

Por ejemplo, mientras que el miedo a volar puede provocar ansiedad ante un próximo viaje o hacer que consideres un medio de transporte alternativo, si tienes aerofobia (una fobia específica a volar), su fobia puede afectar a su vida diaria.

Es posible que pases una cantidad excesiva de tiempo preocupándote por volar (incluso cuando el viaje no es inminente) y evitando los aeropuertos. Puedes ponerte ansioso cuando los aviones pasan por encima. Es posible que no puedas embarcar en un vuelo. Si subes a un avión, es probable que experimentes una respuesta fisiológica grave como sudoración, temblores o llanto. Aunque el tratamiento de la fobia puede incluir perfectamente un elemento de enfrentamiento al miedo en forma de terapia guiada, también puede incluir medicación o terapias alternativas.

La mejor manera de vencer un miedo es enfrentarse a él de frente, pero es importante hacerlo de una manera saludable que te ayude a superar el miedo y no de una manera que te traumatice.

. . .

Si tienes dificultades por tu cuenta, un profesional de la salud mental puede guiarte gradualmente a través de las situaciones que temes, asegurándose de trabajar primero en los patrones de pensamiento que te mantienen atascado.

Lo que hemos aprendido:

El miedo puede impedirnos hacer cosas que podrían ser perjudiciales para nosotros, pero no debemos dejar que reduzca a la mitad nuestro progreso.

Haz una lista de todas las cosas que harías si sólo te quedaran otras 24 horas de vida. Utiliza esta tarea como impulso para ponerte a hacer las cosas que te dan miedo.

Es bueno hacer planes, pero hay un punto en el que puede haber demasiada planificación. No planifiques en exceso a costa de hacer las cosas de verdad.

No te preocupes por las cosas que no puedes controlar, trabaja en conseguir las cosas que están a tu alcance.

. . .

Si estás preocupado y tienes miedo, intenta determinar qué es lo que te hace sentir así.

Por supuesto, la respuesta fácil es "riesgo" o "cambio", pero profundiza. ¿Qué hay en el riesgo o en el cambio que te produce ansiedad? Cuanto más entiendas tus miedos, más podrás racionalizarlos y controlarlos.

Enfréntate a tus miedos, aunque sea poco a poco, para acostumbrarte a ellos. Cuanto más lo hagas, menos te asustarán las cosas.

Preguntas para hacerte a ti mismo:

- ¿Qué es lo que deseo en secreto pero siento que no puedo tener o lograr? ¿Por qué?
- Si no tuviera miedo de conseguirlo, o si lo tuviera, ¿qué haría con él?
- Si dieras pasos ahora mismo, ¿dónde estarías dentro de cinco años?
- Si no doy pasos para enfrentarme a mis miedos, ¿dónde estaré dentro de cinco años?
- Si supiera que no hay posibilidad de fracasar, ¿cuál es el siguiente paso que daría?
- Si tuviera la completa seguridad de que voy a tener éxito, ¿qué pasos daría?

Ahora que hemos aprendido a vencer y enfrentarnos a nuestros miedos, podemos explorar cosas nuevas y sumergirnos en ellas. Probar cosas nuevas es arriesgado y vale la pena cada minuto de la experiencia. Adelante, sigue leyendo para saber más.

10

Prueba nuevas cosas

Ahora que hemos aprendido sobre el miedo, es fácil afirmar el hecho de que tal vez has dejado que el miedo te frene porque tenías miedo a lo desconocido. Cuando probamos algo nuevo, aprendemos cosas nuevas sobre nosotros mismos. Cuando dejas de lado el miedo a probar algo nuevo, puede que descubras que te encanta y la prisa que te da.

Piensa en cosas que hayas querido probar antes, o en cosas que nunca hayas hecho. Piensa que es como ir de compras con tus amigos. A veces, tus amigos eligen algo que no te gusta, luego te convencen para que te lo pruebes y resulta que te encanta. ¿Has estado alguna vez en esta situación? La vida también puede ser así.

Veamos el ejemplo de la vida de Fernando. Cuando él se embarcó en una nueva aventura en el marketing digital, era un sector que estaba empezando. Tenía mucho que aprender, pero era emocionante y podía ver el potencial. Sí, Fernando tenía miedo de empezar algo nuevo, pero tenía la sensación de que una vez que empezara y conociera los entresijos del marketing digital, resultaría una empresa muy satisfactoria. Había mucha información que tenía que absorber, mucha de ella cambiaba semanalmente porque así es el rápido mundo del marketing digital. Lo que Fernando sabía era que creía en su pasión y eso le llevaría a través de los momentos difíciles de duda sobre este nuevo proyecto. Al final, después de muchas luchas y esperanzas, Fernando tuvo éxito.

Lo importante era que había dado el paso de probar algo nuevo.

Seis cosas que debes de probar al menos una vez: Ya sea algo extremo, como el paracaidismo, o algo sencillo, como probar un nuevo té, hazlo. Deja de lado el miedo y sumérgete en él. Aquí tienes una lista de 6 cosas nuevas que debes probar, y por qué.

1- Prueba un nuevo deporte: Ya sea yoga, correr, fútbol, voleibol o incluso hockey, probar un nuevo deporte puede enseñarte a programar tu tiempo en torno a tu vida para hacer algo por ti. Aprender un nuevo deporte te supondrá un reto. Es divertido, es bueno para tu cerebro y, lo mejor de todo, no da miedo, así que es un buen comienzo. Hacer algo activo puede sacarte de tu tenso y ajetreado estilo de vida y hacerte sentir mejor contigo mismo. Sin saberlo, tu pasión podría ser la bicicleta de montaña o el tiro con arco. El subidón de adrenalina que sientes al hacer deporte puede permitirte ver una perspectiva diferente del mundo que te rodea.

2- Adopta un nuevo hobbie: Cuando adoptes un nuevo hobbie, no tiene por qué ser algo activo. Puede ser algo como tejer, coleccionar monedas o enseñar. Los pasatiempos son una salida social que te introduce en un mundo de actividades de grupo como el golf, la escritura creativa o los grupos de lectura. Ser social con los demás te permite aliviar el estrés de forma natural y estar más sano. Cuando haces algo que te gusta, te sientes satisfecho. Los estudios demuestran que llevar una vida satisfactoria ayuda a vivir más tiempo. Así que adelante, elige una nueva afición y sal al mundo.

3- Sal de tu zona de confort. Sé lo que debes estar pensando: "salir de mi zona de confort es cambiar, y el cambio da miedo y es imprevisible". No te preocupes, salir de tu zona de confort no da tanto miedo como parece. Si no te gustan las multitudes, haz lo imposible e impensable y canta en un karaoke una noche. Ve a un club y súbete al escenario. Ve a la playa y báñate desnudo por la noche. Habla con un desconocido, ayuda a los sintecho o deja que uno de tus amigos te apunte a algo que le guste pero que tú creas que no. Una idea: acude a una cita a ciegas. Sea lo que sea, sal de tu zona de confort. Haciendo esto, te aseguro que no hay mejor manera de conocerte a ti mismo. Puede que descubras que te gusta algo que no creías posible.

4- Viaja. Adelante, planea un viaje y viaja a algún lugar. Se puede decir, por muchas experiencias personales, que es estimulante, lleno de acontecimientos, y puedes aprender mucho de diferentes culturas. Viajar fuera de tu ciudad es una experiencia desafiante y gratificante. Te ayudará a crecer y te hará adquirir diferentes perspectivas. Estar en otra ciudad o pueblo puede hacerte apreciar la vida que ya tienes, e incluso puede que conozcas a algunas personas por el camino. Es una gran manera de escapar, y es divertido explorar las diferentes maravillas del mundo.

5. Haz voluntariado. El trabajo voluntario es bueno para tu salud y tu alma. Ayudar a los demás da un impulso natural a nuestro corazón. Es una de esas cosas que, o bien te encanta, o bien te da pavor. Cuando hagas voluntariado, conocerás a muchos tipos de personas con estilos de vida muy diferentes a los tuyos, lo que abrirá tu mente a las muchas posibilidades de tu lado apasionado. Es estupendo para ponerlo en el currículum, y obtienes la experiencia del mundo real. El voluntariado ayuda al mundo, y te hace sentir que eres tú quien marca una diferencia

positiva. Ayudar a la comunidad y defender una causa en la que crees te hará sentirte bien contigo mismo. Así que anímate y pruébalo.

6- Aprende algo nuevo. Después de probar al menos una o varias de estas cosas, habrás aprendido algo nuevo. Ya sea sobre ti mismo, sobre el mundo o sobre cualquier otra cosa, es una sensación de logro y orgullo.

Al aprender algo nuevo, como un nuevo idioma o aprender a tocar un nuevo instrumento, los estudios han demostrado que la velocidad de aprendizaje aumenta y disminuye las posibilidades de desarrollar demencia. Si te interesa saber más sobre cómo aprender algo realmente rápido.

Lo que hemos aprendido:

Puedes aprender más sobre ti mismo simplemente probando cosas nuevas.

Puede resultar muy gratificante hacer algo nuevo.

. . .

Los hobbies invitan a entablar nuevas relaciones y una vida social sana puede ayudarte a aliviar el estrés y ser más feliz.

Hay muchas maneras de superar los límites de tu zona de confort y probar cosas nuevas.

Prueba un nuevo deporte, viaja a un nuevo país para tus vacaciones en lugar del lugar habitual.

El voluntariado no sólo ayuda a otras personas, sino que también te ayuda a conocer gente nueva y a adquirir nuevas habilidades.

Toma la iniciativa de aprender algo nuevo. Esto no sólo te ayudará a descubrir cuáles son tus pasiones, sino que te ayudará a vencer tu miedo a hacer cosas nuevas.

Cuanto más salgas de tu zona de confort, más logros alcanzarás en tu vida.

Preguntas para hacerte a ti mismo:

- Un nuevo deporte que puedo probar sería...
- Un nuevo hobbie que me gustaría adoptar ahora es...
- ¿Qué puedo hacer este fin de semana que esté fuera de mi zona de confort?
- Un lugar al que me gustaría viajar es...
- Un pequeño paso que puedo dar ahora para encontrar oportunidades de voluntariado es...
- Lo que siempre he querido aprender es...

Así que has encontrado tu verdadera pasión, ¿y ahora qué? Hay muchas cosas que todavía puedes hacer en este momento. Veamos el siguiente capítulo.

11

Has encontrado tu pasión,
¿ahora qué?

Así PUES, has completado los pasos de este libro. Ahora te estás preguntando qué es lo siguiente. Has encontrado tus intereses, sabes en qué eres bueno, has investigado y hecho tus deberes, y ahora eres más consciente y estás listo para sumergirte. Pero, ¿cómo? ¿Por dónde empezar? Bueno, primero DEBES estar seguro de que has encontrado tu pasión, y luego se trata de sacar tiempo y encajar tu pasión en tu apretada agenda.

Sí, será difícil al principio, sobre todo porque tendrás este conflicto interno. Cuando tienes otras cosas que hacer, como tu aburrido trabajo diario, puede ser difícil separarte de tu pasión.

· · ·

Al principio será difícil compaginar tu tiempo, sobre todo cuando pases de una cosa a otra, o tomes medidas para hacerlo. Tendrás que asegurarte de cumplir con tus obligaciones para no perder tu trabajo y seguir teniendo tus ingresos fijos. Sin embargo, no te olvides de lo que realmente quieres hacer. Mantén tu pasión y aviva las brasas para no caer en la tentación de olvidarte de tu pasión y centrarte únicamente en ganar dinero. Sí, el dinero es importante, pero también lo es tu pasión, y esa es la razón por la que estás leyendo este libro.

¿Cómo sabes que has encontrado tu pasión? Tanto si buscas activamente cómo encontrar tu pasión siguiendo los pasos de este libro, como si te topas con ella por curiosidad, encontrar tu pasión es muy beneficioso.

Algunos encuentran su pasión a través de la investigación, tomando clases y viajando. Una vez que encuentres tu pasión, no podrás ser más feliz. Por supuesto, a veces la vida te lanza bolas curvas y te estresas, pero déjame decirte cómo sabes que has encontrado tu pasión.

1- Retroalimentación positiva: Cuando eras más joven y te gustaba algo que a todo el mundo le gustaba, pero eras el único que lo llevaba a cabo después, encontraste tu pasión. Siempre es edificante cuando alguien te lo dice y eres bueno en lo que sea que estabas haciendo. Así que presta atención a la retroalimentación positiva de cuando alguien te dice, que estabas destinado a hacer esto.

2- Cuando estás en tu elemento, lo que estás destinado a hacer te resultará fácil. Es tu don, has nacido para hacer esta actividad. Cuando notes que otras personas no pueden hacer esto con tanta facilidad como tú, esto es una señal segura de que has encontrado tu don.

3- Estás obsesionado por saber más. Cuando encuentras tu pasión, te esfuerzas continuamente por aprender más. Ya no te limitas a investigar. Sacas de la biblioteca libros relacionados con tu pasión. Te desvives por recopilar más y más información. Puede que incluso te encuentres soñando con ello.

4- El tiempo no existe. Cuando practicas tu pasión, el tiempo parece no existir. Estás tan atrapado practicando y haciendo lo que te gusta que apenas te das cuenta de que han pasado tres horas.

5. Eres resiliente. Mientras practicas tus intereses apasionados, te darás cuenta de que fracasas mucho. Pero a diferencia de otros trabajos o intereses que has tenido, te

vuelves a levantar y lo intentas de nuevo. Todo lo que hay dentro de ti grita para aprender y hacer más. Quieres dominarlo y convertirte en un profesional en cada tarea que tenga que ver con tu pasión.

Cómo gestionar el tiempo para tu pasión: Ahora que sabemos con certeza que has encontrado tu pasión, es el momento de construir un horario en torno a tu vida para hacer de tu pasión algo cotidiano.

1- Planificar eficazmente. Si tienes una esposa/marido, y los niños y tu vida laboral se llevan toda tu energía, lo primero que debes hacer es echar un vistazo a tu agenda.

Cada dos horas, anota lo que estás haciendo en ese momento. La razón de esto es que puedes ver cuánto tiempo del día tienes. Por ejemplo, si alguna vez acabas de revisar tus redes sociales en busca de mensajes, y luego te encuentras treinta minutos después navegando por la web, este es tu tiempo de inactividad.

2- Aprende la palabra "no". Cuando dices continuamente "sí", estás añadiendo a tu apretada agenda. Cuando aprendes a decir "no", puedes liberar parte de tu tiempo y tener más tiempo para vivir tu pasión. Cuando revises tu agenda y tus citas, averigua qué es lo que te entusiasma hacer o lo que es más importante mantener. Consérvalas y elimina o cancela el resto.

3- Apúntate a una clase. Como eres nuevo en esto de seguir tu pasión, y dejar las cosas de lado para ti, puede ser una buena idea apuntarte a una clase relacionada con este campo en el que quieres trabajar. Debe ser una clase a la que vayas regularmente. El sentido de esto es ayudarte a acostumbrarte a un horario diferente o nuevo. Una ventaja es que conocerás a gente nueva que tiene los mismos intereses. Colaborar es siempre estupendo cuando se aprende algo nuevo.

4- Ten cuidado de no hacer cambios extremos de la noche a la mañana. Si esto es lo que quieres hacer, entonces hazlo de forma lenta y constante. No podrás aprender y conocer todo en poco tiempo. Se necesitarán años de experiencia y conocimientos para llegar a donde se quiere llegar. Asegúrate de que estás completamente preparado para lo que esta elección de carrera va a suponer para ti. Cuando estés completamente preparado, las tareas posteriores relacionadas con este trabajo no serán tan estresantes ni abrumadoras.

Ser optimista: Es importantísimo mantener el optimismo durante todo el proceso; esto nos ayudará a querer buscar y ejercer nuestra pasión una y otra vez.

· · ·

Los beneficios de ser optimista: Las personas optimistas suelen tener más éxito, tanto en su vida personal como profesional.

El mayor éxito en el trabajo se debe a que tienen más energía y son más productivos. Un estudio relaciona el optimismo aprendido con una mayor productividad en las ventas.

Explicaba que la naturaleza de la venta es que incluso el mejor vendedor fracasará mucho más que tendrá éxito, por lo que "las expectativas optimistas son fundamentales para el éxito", ya que ayudan al vendedor a superar los inevitables rechazos.

El pensamiento convencional es que el éxito genera optimismo, pero hay pruebas que demuestran lo contrario: una actitud y una mentalidad optimistas conducen al éxito. También, el estudio utiliza a un vendedor como ejemplo; en el momento en que un pesimista podría perder la esperanza y rendirse, un optimista perseverará y atravesará una barrera invisible.

La incapacidad de perseverar y tener éxito se suele malinterpretar como pereza o falta de talento. Se descubrió que las personas que se rinden con facilidad rara vez cuestionan su propia interpretación del fracaso o el rechazo.

Los optimistas, en cambio, encuentran razones positivas para el rechazo y se esfuerzan por ser mejores. El aprendizaje del optimismo no sólo mejora la vida profesional.

Durante un estudio, se analizó equipos deportivos y descubrió que los equipos más optimistas creaban más sinergia positiva y rendían más que los pesimistas.

El optimismo también te permite ser expansivo. Te abre a nuevas ideas, nuevas experiencias y nuevas posibilidades. Te permite considerar nuevas opciones en todos los aspectos de tu vida, y cambiar tu vida para mejor.

Las personas optimistas son más felices porque se imaginan los acontecimientos positivos de forma más vívida y esperan que ocurran antes. Todo esto potencia el sentimiento de anticipación, que es mayor cuanto más placentero es el acontecimiento anticipado, cuanto más vívidamente podemos imaginarlo, cuanto más probable creemos que es que ocurra y cuanto antes ocurra. Por supuesto, tiene sentido que tener un sentimiento de esperanza y una actitud positiva sobre el futuro nos haga estar más contentos en el presente.

. . .

La idea en la que se basa el optimismo aprendido es que el optimismo, o el talento para la positividad, puede enseñarse y aprenderse cambiando conscientemente la auto-conversión negativa por la positiva. Este estilo de entrenamiento cognitivo puede cambiar la forma de pensar, independientemente de los aprendizajes inconscientes o del condicionamiento social.

También es posible crear un entorno más optimista para uno mismo y para los demás: Esto se consigue dando un feedback optimista. El modo en que damos explicaciones a los demás por las cosas que les ocurren afecta a su estado de ánimo y a su productividad del mismo modo que nuestras propias explicaciones nos afectan a nosotros.

En otras palabras, los elogios optimistas deben ser personales, generales y permanentes. ("¡Has jugado muy bien, como siempre!" en contraposición a "¡El otro equipo ha jugado mal, has tenido suerte!") Del mismo modo, la crítica optimista debe ser impersonal, específica y temporal para que la gente mejore y crezca.

Al dar retroalimentación optimista, y alentar a otros a hacerlo también, puede crear un ambiente positivo y de alto rendimiento en el que todos prosperarán. Su comunidad y su cultura florecerán, y usted cosechará los beneficios junto con todos los demás.

Lo que hemos aprendido:

Varias señales en tu vida te demostrarán que has encontrado tu pasión.

Si has seguido haciendo algo que te gustaba cuando eras más joven, cuando la mayoría de la gente hace tiempo que lo ha dejado, es una gran señal de que esa cosa es tu pasión.

Presta atención cuando alguien te felicita por hacer algo bien. Esta es otra señal de que puedes haber encontrado tu pasión.

Que algo te resulte fácil no significa que no tenga valor.

Recuerda que lo que a ti te resulta fácil, a otros les puede resultar difícil, otra señal de tu verdadera pasión.

· · ·

Sabes que has encontrado una pasión cuando estás decidido a descubrir más sobre ella.

Si el tiempo parece pasar volando mientras estás absorto en algo, es otra señal de que has descubierto tu pasión.

Puede que te derriben muchas veces mientras practicas algo, pero a diferencia de otras cosas, sigues intentándolo y no te rindes. ¡Eso es pasión!

Saca tiempo para tu pasión creando un horario para ello.

Aprende a decir "no" cuando otros intentan invadir el tiempo que has reservado para tu pasión.

Apuntarse a una clase es una forma estupenda no sólo de programar tiempo para tu pasión, sino también de conocer a otras personas con ideas afines, como se sugirió en un capítulo anterior.

Sí, no hay que tener miedo al cambio, pero no hay que hacer demasiados cambios demasiado pronto. Tómatelo con un ritmo cómodo y, con el tiempo, se te abrirán las puertas.

¡Se optimista! esto te ayudará a encontrar y a buscar constantemente tu pasión.

Ahora, nuevas preguntas para que te hagas:

- Mi objetivo en un año es...
- ¿Qué puedo hacer para que mi pasión sea un elemento de mi vida?
- ¿Qué pasos debo dar para convertirme en uno con mi pasión?
- ¿Cuál es mi objetivo final?
- Si continúo, ¿dónde estaré dentro de 5 años? ¿10 años? ¿20 años?
- ¿Cómo me sentiré con esta pasión en mi vida?

Encontrar tu pasión es lo primero que puedes hacer para vivir una vida plena. Si sigues las instrucciones de este libro, de seguro que no te decepcionarás.

12

Las preguntas para hacerte una y otra vez

AHORA BIEN, hemos llegado al capítulo final. Ya tienes todas las herramientas posibles para que encuentres cuál es tu pasión y cómo experimentarlas e integrarlas en tu vida. Es decir, en este capítulo no se te otorgarán nuevas estrategias, sino que se resumirá en un solo apartado todas las preguntas que te has estado haciendo a través de cada capítulo de este libro. Esto responde, una vez más, al plan de ayudarte en este tu camino llamado vida. De esta forma no tendrás que regresar a cada capítulo para ver las preguntas correspondientes, sino que en este capítulo, el 11, las encontrarás todas.

Recuerda que este libro no es solo para leer; no te invitamos a la pasividad del lector que al terminar de leer algo inmediatamente lo olvida. No, en este libro se te invitó repetidas veces a una participación activa. Esta participación activa se encontraba al final de cada capítulo, en el apartado de preguntas. Tú, con tu cuaderno, al terminar la lectura de este libro, terminarás con una serie de ejercicios escritos en tu libreta. Y la cosa no acaba ahí.

Si con cada capítulo dabas un paso más a tu autoconocimiento, eso significa que los ejercicios que tengas respondidos en tu libreta nunca serán definitivos: la vida del ser humano se trata justamente de un autoconocimiento continuo y sincero.

Aunque parezca que quizás respondas lo mismo a un ejercicio ya resuelto; hazlo otra vez: se seguro te encontrarás con gratos resultados.

Este último apartado te va a ayudar a que consigas las preguntas con mayor rapidez y en un solo lugar, con el único afán de ayudarte en tu autodescubrimiento y autoconocimiento.

Veamos el ejemplo de Darío. Darío no tenía idea de cómo encontrar su pasión en la vida. Estudia en la universidad la carrera de comunicación. Esta carrera le ofrece muchas opciones laborales: periodismo, literatura, diseño, fotografía, cine, radio, edición; en fin, esta avalancha de opciones le abrumaban demasiado y le causaban ansiedad. Sentía que su tiempo se acababa y tenía que tomar una decisión a la de ya. Un amigo suyo cercano le recomendó este libro. Al principio, Darío renegaba un poco la utilización de un libro como ayuda en su vida y su pasión, pero al sentirse muy perdido, accedió.

Darío terminó encantado con el libro. Se dio cuenta de que no son cosas inventadas sin sentido, sino que son consejos y herramientas que han salido de las experiencias y vivencias de otras personas, muchas de las cuales comparten una situación similar a la de Darío. Cuando terminó la lectura y los ejercicios, se sentía segurísimo de encontrar cuál era su pasión.

Revisó su vida y se percató de su profundo amor por las películas desde niño. Estudiaría con mayor dedicación el cine. Inmediatamente se acerca a la teoría cinematográfica, consiguió libros, vio videos, se inscribió en diplomados de guionismo y empezó a investigar en dónde estudiar una maestría en cine.

Sin embargo, a causa de la vida diaria y cotidiana, volvió a dudar un poco de su autoconocimiento y, por lo tanto, de la pasión que había encontrado. Volvió a este libro, releyó sus capítulos favoritos y respondió otra vez a las preguntas reunidas en este último capítulo.

Se encontró con nuevas cosas: Darío estaba seguro otra vez por su pasión hacía el cine, pero ahora descubrió una cosa más. Ahora encontró que lo que más amaba del cine se concentraba en el guionismo. Ahora Darío quería ser guionista cinematográfico.

Así como Darío, es normal que dudas que elecciones y pensamiento que ya había supuesto por seguros.

Por eso es importante que te reconozcas una y otra vez: De seguro cada vez encontramos nuevos aspectos sobre ti y tu pasión. Es muy importante que nunca pierdas la constancia, el amor propio y tu visión sobre ti mismo. Y recuerda: ¡Es normal sentir dudas! Eso sí, ten en cuenta que cualquier duda puede ser superada, solo si te lo propones. Disfruta una vez más el camino por el cual te llevarán estas preguntas:

1. Para mí, una vida apasionada se parece a...
2. Cuando estoy viviendo una vida apasionada, me sentiré...
3. Las creencias limitantes que tengo son...
4. ¿Qué me frena?

5. Lo que más me gusta hacer es...

6. Los tres principales pasatiempos que tengo son...

7. En lo que destaco es...

8. Las causas que apoyo activamente son…

9. ¿Por qué quiere pagarme la gente?

10. La persona (o personas) con la que puedo compartir mis intereses es...

11. ¿Estoy haciendo lo que el mundo necesita?

12. ¿Qué es lo que más me motiva o impulsa a tener éxito?

13. ¿Cuáles son las cinco palabras que más me describen?

14. ¿Qué me hace único?

15. ¿Qué es lo que más valoro?

16. ¿En qué miento? ¿Por qué?

17. ¿Soy una persona que asume riesgos?

18. ¿Soy una persona paciente?

19. Cuando era niño, me gustaba...

20. Cuando era más joven, quería llegar a ser...

21. Ahora mismo, lo que me entusiasma es...

22. Pierdo la noción del tiempo cuando...

23. Me encanta leer, investigar o soñar despierto sobre...

24. Lo que más me divierte es...

25. Si pudiera hacer una cosa durante el resto de mi vida, ¿qué sería?

26. ¿Me encantaría? ¿Con qué facilidad me aburriría?

27. Si no existiera el dinero, ¿qué haría con mi tiempo?

28. ¿Qué me resulta fácil?

29. ¿Cuál es mi elemento?

30. ¿Cuáles son mis puntos fuertes naturales?

31. ¿Cuáles son mis puntos débiles? ¿En qué tengo que trabajar?

32. ¿Qué dicen los demás de mí?

33. ¿En qué me gusta ayudar a la gente?

34. ¿Qué me provoca?

35. Me hierve la sangre cuando pienso o hablo de...

36. Si se pudiera cambiar el mundo, lo primero que cambiaría es...

37. ¿Qué pasiones tengo que me provocan?

38. ¿Qué haría si no tuviera limitaciones?

39. ¿Qué es lo que he querido hacer, pero no lo he hecho por miedo?

40. ¿Qué pequeños pasos puedo dar ahora mismo para convertir mi pasión en una profesión?

41. ¿Cuáles son los diferentes campos que rodean mi pasión?

42. ¿Qué campo me interesa?

43. ¿En qué seré bueno?

44. ¿Qué habilidad de esta carrera que me apasiona se me daría bien?

45. ¿Qué es lo que deseo secretamente pero siento que no puedo tener o lograr? ¿Por qué?

46. Si no tuviera miedo de lograrlo, o si lo tuviera, ¿qué haría con él?

47. Si diera pasos ahora mismo, ¿dónde estaría dentro de cinco años?

48. Si no doy pasos para enfrentarme a mis miedos, ¿dónde estaré dentro de cinco años?

49. Si supiera que no hay posibilidad de fracasar, ¿cuál es el siguiente paso que daría?

50. Si tuviera la completa seguridad de que voy a tener éxito, ¿qué paso adelante daría?

51. Un nuevo deporte que puedo probar sería...

52. Un nuevo hobbie que me gustaría adoptar ahora es...

53. ¿Qué puedo hacer este fin de semana que esté fuera de mi zona de confort?

54. Un lugar al que me gustaría viajar es...

55. Un pequeño paso que puedo dar ahora para encontrar oportunidades de voluntariado es...

56. Lo que siempre he querido aprender es...

57. Mi objetivo en un año es...

58. ¿Qué puedo hacer para que mi pasión sea un elemento de mi vida?

59. ¿Cuáles son los pasos que debo dar para convertirme en uno con mi pasión?

60. ¿Cuál es mi objetivo final?

61. Si continúo, ¿dónde estaré dentro de 5 años? ¿10 años? ¿20 años?

62. ¿Cómo me sentiré con esta pasión en mi vida?

Conclusión

Este libro no sería posible sin tu lectura, así que se te agradece. Esperamos haberte ayudado a encontrar tu propósito, pero esto es sólo el principio. No debes detenerte aquí. Mantengamos el impulso. Cuando encuentres algo que te guste, no te detengas. No nos referimos sólo a la pasión, sino a todo. Cuando encuentres el propósito, el control, la confianza o el amor, sigue dando lo mejor de ti. Entrénate para ser excelente en todo lo que te propongas. Ten confianza en ti mismo y recompénsate. Sé resiliente y abraza un sinfín de posibilidades. No te detengas aquí, sigue adelante y coge otro libro de autoayuda. Sigue aprendiendo y sigue creciendo. Esa es una forma segura de permitirte ser feliz.

En general, una vez que estés listo para sumergirte en hacer tu vida mejor, siempre puede ser mejor. Sé optimista y no tengas miedo de ahuyentar esos demonios.

Recuerda que el miedo y el fracaso son algo bueno, ya que te ayudarán a crecer en lo que eres ahora y en lo que vas a ser después. Todo el mundo tiene un propósito, así que ten la mente abierta, sal ahí fuera y encuéntralo.

Esperamos que hayas aprendido algo nuevo de este libro. Esperamos que te vayas encontrando y poniendo en práctica las estrategias que se han discutido. Se te aconseja que guardes tus notas y las pongas en práctica todos los días a partir de hoy. Cuando sientas que llega el día en que estás desmotivado, simplemente relee este libro y haz todos los ejercicios. Ten en cuenta que nada llega a ti si primero no tomas la decisión de ir a por ello. Somos el producto de nuestro entorno. Depende de nosotros utilizar las habilidades que aprendemos en nuestra vida diaria. Depende de nosotros hacer de nuestra vida un verdadero modelo inspiración para los demás. También, depende de nosotros que nuestra vida sea tan ejemplar que merezca que se escriba en un libro y que se hable de ella. En realidad todas las personas son artistas: su mayor obra de arte es su vida misma.

No tengas miedo de ser un gran artista.

¡Arriesga y crea! Cada uno tiene un lugar es este gran museo que es el mundo. Cada persona tiene un espacio en este museo para depositar su obra. Es nuestra elección levantarnos y tener éxito. Sólo entonces encontraremos la paz interior y la satisfacción.